U0502084

两周重塑
年轻大脑

2 Weeks to a Younger Brain

[美] 盖瑞·斯莫尔 Gary Small、吉吉·伏尔根 Gigi Vorgan **著**

黄延焱 江敏俊 **译**

徐一峰 **校**

上海三联书店

致　谢

　　我们非常感谢为数众多的志愿者与患者参与了本次研究，并为这本书提供了创作灵感。感谢我的同事和朋友们为本书的出版提供了指导，付出了心血，包括苏珊·鲍尔曼（Susan Bowerman）、霍华德·章（Howard Chang），以及杰出的加州大学洛杉矶分校医疗、科学和工作人员团队，还有戴安娜·雅各布斯（Diana Jacobs）在第 144 页的绘画作品。特别感谢我们的朋友与代理人桑德拉·迪杰斯特拉（Sandra Dijkstra）这些年来对我们写作的帮助，我们的出版商安东尼·紫卡娣（Anthony Ziccardi），我们的编辑约·福特（Joh S. Ford），以及克瑞斯·拉迪（Chirs Ruddy）、马修·卡利什（Matthew Kalish）和整个大新闻媒体及人类学出版社（Newsmax Media & Humanix Books）团队。最后，本书的出版离不开我们的孩子蕾切尔（Rachel）和哈里（Harry）及其他家庭成员的爱和支持。

特别说明

　　本书中的许多故事与举例是基于很多个体的经验整合而成的，不代表任何个人或群体。若与任何个人或群体出现相似性，纯属巧合。读者在开始任何练习或节食计划之前，请先咨询您的医生。

目　录

前　言

忘记钥匙放在哪儿，聚会时忘记某个人的名字，或者从市场回家时发现忘买最需要买的东西——这些只是我们所有人时常都会经历的健忘现象。但是此类认知功能下降不仅仅发生在中年人和老年人中。我们加州大学洛杉矶分校的研究显示，人们出现健忘的时间更早。科学家们发现，在40岁的时候，与精神衰退相应的大脑开始发生细微的改变，而我们的研究显示，人们在20岁就开始出现记忆问题了。

感谢上苍，最近的研究确定，我们其实可以有很多办法来增强我们的记忆，保持我们的大脑年轻。在超过30年的职业生涯中，我帮助成千上万的患者改善他们的记忆，增强精神敏锐度。我确信我们的日常生活方式与我们的大脑健康有着直接关系。我的研究工作显示，只需要两周时间，就可以形成新的行为习惯，提高认知能力，帮助延缓甚至逆转大脑的老化过程。

在《两周重塑年轻大脑》这本书中，我们将最新的大脑科学成果转化为实际可操作的方案与实践，让你获得快速且持久的益处。它不仅能改善你的记忆力，而且通过降低您的糖尿病、心血管疾病及中风的风险，增强你的躯体健康。

如果你能按照我给出的方案坚持 14 天,我确信你会取得明显的成果。在这短短的一段时间内,你将掌握保持大脑年轻的秘诀,并且受用终身。

第一章　有助大脑年轻的健脑发现

当我年轻时，我能记住任何事，不论它是已发生还是未发生。

——马克·吐温

你有没有这种情况，走进一间房间却忘记要干什么事？遇到一个老朋友，却因为想不起他的名字而尴尬万分？多少次随手放下眼镜或者钥匙转身却找不见？

我们大多数人对于这些偶尔的遗忘一笑了之，但是对于某些人来说，这却是一件严肃的事情。遗忘或者短暂的记忆缺失在 40 岁以后会变得越来越频繁，这会让那些担心自己得了老年痴呆的人们惊恐万分。每次乱放找不到手机或钱包都可能触发他们的恐惧心理：这会不会是走向阿尔茨海默病性痴呆的前兆？

值得庆幸的是通常这种恐慌是不必要的。当然，我们的大脑会与身体一起逐渐老化，但是我们都有能力减缓、终止，甚至可能逆转大脑老化的过程。问题的关键是我们需要了解究竟是什么原因导致了大脑的老化，然后采取有效的策略来打败它。最近的科学发现显示：我们只需要简单地调整某些日常行为习惯，就能帮助我们保持大脑的年轻和敏锐。

我们生活在一个将年轻与美丽及权力画等号的社会,有些人会为了获得年轻的外表而不惜任何代价。但是,即使能让我们的外貌年轻 10 岁或者 20 岁,没有一个敏锐、健康的大脑,我们又能如何享受生活呢?因此,大脑的健康必须排在首位!事实证明我建立的保持大脑年轻的策略也同样能够达到塑形和改善身体健康的作用。

健忘带来的恐惧

我的病人莎伦是一名穿着讲究又打扮时髦的 62 岁房地产经纪人。她看上去比她的实际年龄年轻多了。她很坦然地承认自己每四个月会去她的整形外科医生那里注射肉毒杆菌。它可以让自己眼周的皱纹消失。然而,最近一次乘电梯时,她发现自己居然不记得是要去看牙医还是去拜访客户。她在皮包里翻找手机,却惊恐地发现找不到手机,是忘在家里了,还是留在车里了?

她跑去停车场,突然意识到自己忘记把车停在哪一层了。莎伦只好一排排一列列地搜寻自己的车,不停地按动手中的汽车钥匙,希望听到车子的"滴鸣"声。找了两层楼之后,筋疲力尽的莎伦只好坐下来冷静思考。这不是她第一次出现记忆问题,但这件事促使她来看我的门诊。

莎伦进到诊室后坐下。我问她有何不舒服。她说她以前的记忆是非常好的,这为她的工作提供了很大的帮助。但在最近两年里,她发现健忘发生的次数越来越多,而且似乎越来越严重。我问她,在第一次遗忘发生前有没有发生过什么事情。

"嗯,那时我刚刚经历了一次很糟糕的离婚,并且决定再去做一次拉皮手术。你懂的,年轻的外表对我的工作有帮助。之后,我的记忆就不那么灵光了。我知道,大手术之后,需要几个星期,有时甚至几个月才能完全恢复正常。但是现在这个情况太离谱了，我忘记跟踪客户的进度，我的销售业绩也在下滑。我一直很担心，坦白地说，我觉得自己都开始忧郁了。"

我们首先讨论了一下她的忧郁情绪。但是，因为普通的麻醉可能导致暂时的甚至长期的记忆问题，我想多了解一些两年前她做拉皮手术的事情。"整个手术过程持续了多久?"我问道。

"护士说我大概有八小时是处于无意识状态。"

我开始对可能导致莎伦记忆问题的因素有了几个想法。除了大手术以外，离婚和工作的压力也可能对她的记忆和情绪产生不良的影响。我详细询问可能影响她大脑健康的躯体疾病史、服用过的药，以及日常生活习惯。我向她介绍了一些可能改善她情绪的抗抑郁治疗方案，并给了莎伦一些可能快速改善她记忆力的方法。在第一次就诊结束前，我建议她避免做一些择期手术，因为手术麻醉可能会对她的记忆产生影响。

莎伦笑道:"你最好给我一些更好的建议，斯莫尔医生，因为我两周之后还要做眼睛手术。"

在接下来的几周诊疗中，我终于劝服莎伦暂停手术。她开始实施"年轻大脑训练项目"，并且逐渐调整她的生活习惯，包括每日锻炼、记忆训练、更健康的饮食习惯，以及新的减少压力的放松技术。在一个月之内，莎伦的记忆能力有了进步，她的业绩也提升了，而且她的自我感觉比过去很多年都来得好。

莎伦的案例不是唯一的。数百万婴儿潮时期诞生的人现在正在与老化抗争，会寻找各种方式让自己外表、思想以及感觉更年轻。好消息是:最近的多个研究表明我们的日常习惯——吃些什么、运动多少、与他人的互动方式，以及如何应对压力——对大脑的老化都起着深远的影响。我们可以简单地通过选择更健康的生活习惯以及心理训练来提升大脑的能力,改善情绪,提高生活质量。

发现 1:
记忆力不是必定会随着年龄的上升而下降。

　　我们 UCLA 研究团队已经发现健康的行为习惯与更好的记忆力之间有着直接联系。在与盖洛普民意调查合作的研究中,我们调查了全美一万八千多人,发现越是拥有健康行为的人,他们的记忆能力越强。那些只拥有一项健康行为的人,例如多吃蔬菜或者每日锻炼,与几乎没有任何健康行为的人相比,出现记忆问题的概率低21%。拥有两项健康行为的受访者拥有好的记忆力的概率多出45%。那些拥有三项健康行为的受试者则可多出 75% 的概率。

　　这个大型调查的结果与我们的临床及大脑扫描研究结果相一致:当参与者完成 14 天的整合多项健康行为的综合训练项目——规律的身体及认知训练,营养饮食,压力调控——这些方法均可以调整大脑的神经回路,帮助延缓甚至阻止大脑的老化过程。

发现 2:
养成健康习惯可以让你的大脑在两周内变得更年轻。

什么样的大脑是年轻的大脑?

　　我记得在小学里一个孩子叫我"胖头"[1]。当时,我并没有意识到这其实是一种赞美的意思。一个比较大、比较胖的大脑是一个更

---

〔1〕Fat head,字面意思为"肥大的头",引申为愚钝。——译注

健康、更年轻的大脑——大脑里充满了强健的脑细胞。这些健康的细胞或神经元,能通过被称为突触的连接快速地传输信息。微小的神经递质,或者是大量化学分子形态介导的信息,通过这些突触在大脑里穿梭,帮助我们快速而有效地思考。健康、年轻的大脑拥有多种特质,让它们保持高功能高效率,例如:

- 高性能的神经元拥有功能强大的细胞膜。
- 完整的纤维或轴突将这些神经元连接起来。
- 髓鞘厚——神经纤维被脂质绝缘物质包围着,既可起保护作用,又能提升信息传导速度。
- 充足的神经递质通过突触传递化学信息。
- 丰富的血液循环为神经元提供氧与营养物质。
- 最少的异常蛋白沉积,它们会导致神经退化与大脑疾病。

通常来说,较年轻的大脑较为健康,但是也有例外。例如,一个年轻的运动员可能遭遇一次脑震荡——可能导致神志不清、头痛以及记忆缺失的一种创伤性的大脑损害。如果这个运动员在受伤后能够得到足够长的休息时间,他的大脑通常会恢复并回到健康、年轻的状态。但是,如果这个运动员马上回到赛场中,并且让他的大脑增加更多的撞击,这会使得他的受损症状持续时间延长,并很有可能导致不可逆的神经退行性变或者损害。

确凿的科学证据表明老龄化是我们大脑和身体细胞衰退的最主要的原因。那些外貌上的及躯体上的老化证据是显而易见的:头发变白、皮肤出现皱纹,以及腰围增粗。我的患者莎伦最关心的就是她的外貌——她想让自己看上去年轻,并借助整容手术来实现自己的目标。不幸的是,多次整容手术很可能导致她的记忆退化并加速她的大脑老化。

你比你自己想象的更聪明

我相信你的大脑能很快自动纠正下面这句话中错乱的词语：

确正的体躯及理心的习练以可持保你的脑大轻年。

遇到朋友，但是他叫什么名字？

最近我在看电影的时候遇到一个同事，他在将我介绍给他妻子的时候迟疑了一下。我猜测他在那一刻是忽然忘记了我的名字，所以我很快地伸手与他妻子握手并自我介绍了一下。有可能他当时是被大厅里嘈杂的环境弄分心了，也有可能我的突然出现令他毫无防备，但是这种一时忘记有可能间接提示了他大脑的老化。

一时的忘记，或者"年老健忘"，归根于我们大脑随着年龄增长而不断损耗。这些损耗来自于氧化应激、炎症，以及其他化学改变导致大脑神经元受损。与年龄相关的记忆下降，可以简单地通过神经心理测验或者标准化的纸笔测试而评估出来。

2012年，法国科学家阿卡纳·辛格-曼诺和她的同事发表了有关7,000例中老年公务员认知功能的10年研究结果。他们发现，大多数人在四十多岁时，记忆与推理能力每10年下降约3%以上。六十多岁时，这种老化的过程就会加速，每10年下降7%以上。

在随着年龄增长而下降的短期记忆中，最重要的一种被称为"工作记忆"，它帮助我们的大脑储存新摄入的讯息以备使用、丢弃或者储存到长期记忆中。我们每天都会应用到工作记忆，帮助我们记住自己把东西放置在何处，记住刚刚听到的电话号码，解决问题，以及对几乎任何一种心理活动做出快速反应。

在一项美国与英国的联合研究中，研究者通过评定"视觉"工作记忆——在很短的时间内记住一个视觉图形的能力——发现了大脑老化的最早期表现。在这项研究中,超过 55,000 名志愿者(年龄从 8 岁到 75 岁)被要求在很短的时间内看不同的物体,然后尽量记住物体的形状和颜色。

　　以下图表是参与的志愿者随年龄(水平轴)分布的记忆分数(垂直轴)的图形。

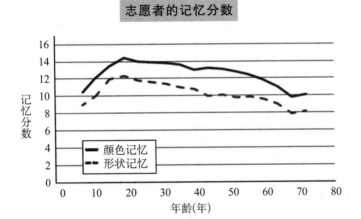

志愿者的记忆分数

随着年龄的增加,记忆力逐渐达到高峰再逐渐下降

　　从 8 岁到 20 岁,对颜色和形状的记忆力每年都在不断提高,因为年轻的大脑正在磨练这些技能。但是在 20 岁左右达到峰值以后,上述记忆能力逐渐下降。这一模式提示大脑老化在成年早期就已经开始,并稳步下降,因此在我们 55 岁时,我们的视觉记忆能力可能再次回到我们 10 岁时的水平。

　　对颜色和形状记忆能力的下降可能解释了为什么即使年轻人也会常常忘记自己的东西如手机或钱包放在哪里。尽管我们 UCLA 团队最近的研究结果显示:早在 18 岁时,人们就有可能出现记忆减退的主诉,但是直到中年时,大多数人才会开始担忧自己的记忆下降。其中的一种解释是,直到我们 40 岁,"记忆缺失"(memory slip)现象才会出现。这个时候,人名和人脸的记忆能力下降变成了最常见的记忆减退主诉。人们在四十多岁也对回想某些词语或细节开始产生困难——这些信息就不如原来那么容易从嘴边滑出,即使他们确信自己是知道这些信息的。

令人振奋的是,我在之后章节介绍的记忆技术能帮助人们弥补与年龄相关的认知下降,可以使受训者直至年龄很大时才会体验到记忆力缺失。另外还有很多新技术能刺激我们的大脑并帮助减缓大脑老化。

脑筋急转弯:

两个出租车司机在一条单行道上逆向走。

一个警察看见他们,但是没有给他们开罚单。

你能猜出是什么原因吗?(答案见本章末。)

重置时间

当我儿子还在青少年时期,我常常因为他花太多时间玩电子游戏而批评他。有几次我同意跟他一起玩,他却总是嘲笑我玩游戏的技术太差。我当时没有意识到如果多玩其中的几个游戏的话,我的大脑技能会增强。

发现 3:

某些电子游戏可能会为你的大脑减龄数十年。

科学家已经揭示:每天仅仅玩某些电子游戏 30 分钟,就能显著增强"一心多用"的能力。加州大学旧金山分校的科学家发现，只是玩一种"训练司机不分心"的电子游戏就能使70岁的大脑减龄成20岁的大脑。不论是通过玩电子游戏、参加讲座还是参加写作培训来训练你的大脑，你都有能力促进神经元回路、增强大脑工作效率，让自己获得更年轻的大脑。

你可以通过大脑记忆功能训练项目得到快速而明显的受益。我在讲座中，常常会教我的听众一些记忆训练的方法，可以在几分钟内提升他们的回忆能力。我会示范给他们看，如何将新信息放到有意义的场景中来使得它容易被记住。

你也可以证实一下：试着记住以下这些词语。不要用传统的死记硬背的方法，而是尝试用这些词语创建一个故事。因为这些词语之间是没有关联的，你创建的故事可能听起来很荒诞，但是实际上荒诞的故事更容易被记住。在创建的故事里，这些词不一定非要按照现在的顺序。

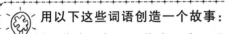

用以下这些词语创造一个故事：

树　修女　报纸　篮球　马　雨　垃圾桶

这个故事的例子是：一个修女骑着一匹马停在一棵树下，因为开始下雨了。她头上顶着一张湿了的报纸，她把它拿下来团成一团，像扔篮球一样把它扔进了垃圾桶里。

虽然人们老了的时候，总是倾向于抱怨自己的记忆问题，但这不是大脑技能发生的唯一退化。值得庆幸的是，我们在训练记忆的同时，我们的注意力、语言功能以及解决问题的能力也得到提高。注意力集中对于学习及回忆是非常重要的，当我们分心的时候，我们就不能吸收我们想记住的新信息。强大的记忆力对于清晰思考与推理以

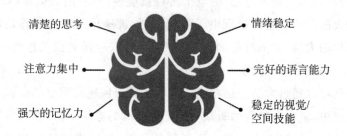

年轻大脑的基本功能

清楚的思考

注意力集中

强大的记忆力

情绪稳定

完好的语言能力

稳定的视觉/
空间技能

及 3D 世界中导航（视—空间技能）至关重要。增强这些大脑功能可以帮助我们保持大脑年轻。

窥视大脑的窗户

我高中时候的第一份工作是在一家社区医院给一位放射科医生做助手。我在放射科的暗室内冲洗 X 线片, 护送坐轮椅的患者到放射科和回病房。这种让医生们可以窥探人体和大脑内部的高科技设备, 令我惊叹不已——我曾经以为只有超级英雄才有 X 线一般的透视眼。

但事实上, 早期的 X 线技术并不能看到大脑内部实质性内容。能看到的只是骨头结构的照片, 比如围绕及保护精妙大脑组织的头盖骨。

在接下来的几十年中, 大脑成像技术的迅猛发展开始为我们精妙地展现出人们脑中正在发生事情的细节。技术的发展提供了更新的影像手段, 例如磁共振成像（MRI）以及正电子发射断层扫描（PET）, 这些影像技术让科学家们得以窥视鲜活的大脑, 探测大脑实时发生的变化——看得到大脑的虚拟视窗。

> ⚡ **发现 4:**
> 在大脑扫描图上可以看到记忆训练消除了老化的痕迹。

　　在临床上,MRI 扫描常被用于观察大脑结构;探查肿瘤、中风(死亡的大脑细胞),或者脑萎缩(大脑缩小)。功能 MRI 可以显示实时的大脑活动。这项强大的扫描技术让神经科学家得以观察和测量到大脑的神经回路正在为补偿老化导致的记忆衰退而更努力地工作——我们可以切实地看到大脑的老化痕迹。通过短时间地进行简单的记忆训练,大脑将会熟能生巧。复测 MRI 扫描将会显示出大脑工作效率的提高,之前被观察到的老化痕迹也会消失。

　　爱因斯坦的大脑:

　　当阿尔伯特·爱因斯坦在 1955 年去世时,他的后人将他的大脑捐献给了科学研究。自那时起,科学家们一直在研究他的大脑。最近一项研究测量了他大脑不同区域的大小并加以分析。跟你们想象的一样,爱因斯坦教授某些重要脑区的体积比普通人的要大很多。分隔他大脑左右半球的神经纤维带(称为胼胝体)特别发达。这些纤维负责左右大脑半球之间的信息传输,超厚的胼胝体可以解释爱因斯坦超级聪明的原因。此外,他的额叶也比正常人更大。对于我们这些不是爱因斯坦的人们来说,好消息就是:大脑训练和身体锻炼不仅能增加脑的体积,而且能增强记忆和认知功能。

　　我们 UCLA 团队的很多研究都已经证实了大脑健康的外在表现(例如,记忆能力,语言能力)与实际 MRI 及 PET 扫描显示的生物学大脑老化之间存在着紧密的联系。那些在纸笔记忆测试中表现较好的人,他们的大脑体积更大,功能更好。我们团队的研究结果还显示个体的主观记忆评分——个体对自己记忆力变化的感受,能够反映出他们大脑结构的生物学变化。如果你感觉自己好像记性越来越差,那通常都可以在大脑扫描中显示出来。

PET扫描可以显示大脑的细微结构和功能。PET扫描仪运行起来就像是"盖革计数器",因为它用于测量放射活动。医生给患者注入很小剂量的放射性化学示踪剂,化学示踪剂会通过血液系统进入大脑,PET扫描仪得以测量在不同脑区累积的化学示踪剂的含量。医生通过注入不同类型的化学示踪剂,可以测量不同的生物学变化。

当PET成像技术首次被引入医学领域时,我们都被这些彩色图像震住了——就好像第一次看见彩色电视机一样。在PET扫描中,脑区被用鲜艳的红色、橘色、黄色等颜色所标记。PET最常用的化学示踪剂是一种葡萄糖——大脑最主要的能量来源。大量的PET成像研究已经证实年轻的大脑会消耗更多的糖类物质。PET图像上温暖的颜色代表大脑细胞正处在正常和活跃的状态,尤其是那些控制记忆、推理以及其他认知功能的区域。

PET研究还显示,当我们老化时,这些脑区会逐渐失去有效消耗葡萄糖的能力,表明大脑功能的衰退。这些扫描显示健康人的大脑在他们四十多岁时就开始出现细微的衰退,神经心理学家通过纸笔测试也发现这个年纪的大脑开始老化。

那些PET扫描显示左侧大脑(控制语言技能)低活动的人,在语言记忆测试中会遇到困难。而那些扫描显示右侧大脑(控制视空间技能)低活动的人,在看地图和回忆三维图片方面会遇到困难。如果你是左利手的人,那么你左侧和右侧大脑的功能是对调过来的。

在运用传统的葡萄糖示踪剂对几百例大脑进行PET扫描之后,我们UCLA研究团队打算把这个技术提升到一个新的高度。我们中的一个小组开始寻找更精准的方法来窥探大脑。我们合成了一种新的化学示踪剂(FDDNP),可以用PET扫描来评估大脑老化的确凿证据——异常蛋白沉积(淀粉样蛋白斑块和Tau缠结)。这些斑块和缠结是阿尔茨海默病的物理证据,在疾病开始出现临床症状之前几十年就逐渐在大脑中累积。典型的阿尔茨海默病性痴呆患者的脑扫描显示,FDDNP－PET信号在某些脑区显著增强,而这些脑区是大脑控制记忆、思考以及其他认知功能的区域。这个特殊技术的PET扫描揭示在只有很轻微记忆问题的人群大脑中也有异常蛋白沉积。

当某人罹患阿尔茨海默病后,大脑的某些脑区会遭到损害,但另一些脑区则得以幸免。阿尔茨海默病患者死后的尸检结果显示斑块和缠结出现的脑区与 FDDNP－PET 扫描在活体中显示的脑区相同。

大脑老化的三个阶段

我们的大脑扫描研究显示大脑老化的三个主要阶段:正常老化、轻度认知损害,以及痴呆。在我们四十多岁或更年轻的时候,我们开始发觉自己有轻微的健忘,但尚未影响到日常生活。这一阶段称之为正常老化。如果我们在这个正常老化过程中没能很好地保护大脑,那么正常老化可能转化为轻度认知损害。尽管这个阶段日常记忆问题更多,但是大脑仍然能代偿,我们也能独立生活。当这种补偿机制失败之后,便进入痴呆阶段,而最常见的痴呆就是阿尔茨海默病。

当正常大脑老化转化为轻度认知损害时,FDDNP－PET 扫描开始在某些控制记忆的脑区,尤其是海马(颞叶),显示出斑块与缠结的累积。如果大脑老化进一步进展到痴呆,那么异常就会出现在管理语言的脑区(Broca 区)、推理及制定计划的技能(额叶)、记忆与情感(颞叶),以及感知与人格(顶叶)的区域。然而即使在阿尔茨海默病性痴呆的患者中,感觉运动回(感觉与运动)、视觉皮质(视觉)以及小脑(平衡)保持相对稳定。

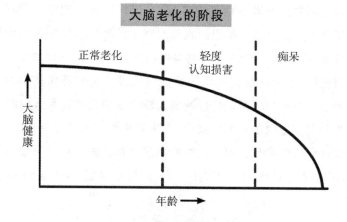

大脑老化的阶段

正常老化　　轻度认知损害　　痴呆

大脑健康

年龄

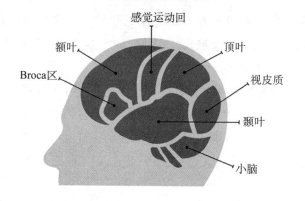

大脑的中枢核团

感觉运动回

额叶　　　　　　　　顶叶

Broca区

视皮质

颞叶

小脑

不要只归咎于基因

当我还是一个小孩子的时候，我朋友中有一对是同卵双胞胎，斯图尔特和史蒂芬。在当时，我常常分不清他们俩谁是谁。他们俩常常戏弄我，史蒂芬会说自己是斯图尔特，或者斯图尔特说自己是史蒂芬。但是，当我对他们俩有更深的了解后，我就可以将他们俩区分开来，因为他们的性格不同。我跟史蒂芬最要好——我们一起打篮球，开玩笑逗乐。斯图尔特则比较严肃和敏感——他常常会因为处理事情不适当而受伤害。很多年后,当我再次遇见他们时,他们已变得完全不同。斯图尔特身材变形,很胖,离了婚,而且烟瘾很大。史蒂芬则外表像运动员,很健康,已结婚,有三个孩子。

我的这段经历与当今研究结果是一致的,即使是同卵双胞胎,环境和生活经历决定了他们不同的品性与生活方式。但是,令人吃惊的是某些行为和特征还是由遗传所主导。

在 70 年代后期与 80 年代早期,明尼苏达大学的学者对被分开抚养的同卵双胞胎成年人进行了研究。他们发现这些双胞胎在很多方面存在惊人的相似,包括个性、个人兴趣爱好以及气质,提示基因对个人品味及特征方面的影响比人们认为的要大得多。这其中的几对双胞胎,自婴儿时就被分开,之后也未见过对方,但是现实中他们的孩子名字相同,或者驾驶着同一款同一颜色的车。如果双胞胎都抽烟的话,他们往往会选择同一品牌的香烟。

基因不是决定大脑老化的全部因素。我们 UCLA 研究显示,当同卵双胞胎中的一个采取更健康的生活方式(如锻炼、健康饮食以及不吸烟),那他的记忆能力会更好,在神经心理测试中会取得更高的分数,而且大脑的体积也更大。华盛顿大学圣路易斯分校的科学家发现携带阿尔茨海默病风险基因的人如果坚持每日锻炼,那么他们的大脑在扫描时病变证据较少。

发现 5:
生活方式习惯对大脑的影响比基因更强。

在一项大样本长期随访的 MacArthur 研究中,将成功老龄化定义为保持认知与躯体双重健康。这项划时代的研究显示,对于普通人来说,非基因因素对成功老龄化的影响比遗传的 DNA 还要显著。

此后,科学家发现了几项非基因因素,例如我们自己可以控制的生活方式及环境的影响。

当我刚开始从事老龄化的神经科学研究时,医生们尚未发现可导致痴呆的任何基因,但是我们确实发现有阿尔茨海默病家族史的人患病的危险性会更高。为了更好地了解基因和疾病的关联性,我与杜克大学的科学家合作,研究家族中有较多阿尔茨海默病患者的家庭。这个合作研究的结果是发现了第一个影响阿尔茨海默病的风险基因:载脂蛋白 E,或者叫 APOE。

找寻基因就如大海捞针,因为不到生命的后期,你很难知道谁最后会患阿尔茨海默病。现在,我们能听到看到很多阿尔茨海默病相关的报道,这是因为人们活得更长久了——在过去一百年中,人类预期寿命几乎翻了一倍,而年龄则是认知衰退的最主要风险因素。绝大多数人都很害怕自己变成痴呆,因为认知功能的衰退导致患者生活不能自理。阿尔茨海默病在所有痴呆中几乎占到三分之二,科学家比过去更积极主动地探寻它的基因,了解疾病的致病原因,意味着我们能研发出更好的治疗方法,甚至可能治愈。

每个人的 DNA 中都携带 APOE 基因三种表型(等位基因)中的一种,但是其中只有 APOE-4 等位基因会增加阿尔茨海默病的风险。人群中每五个人中就有一个人携带 APOE-4 基因,但不是所有 APOE-4 基因携带者都会罹患阿尔茨海默病,不携带 APOE-4 基因的人中也有人罹患阿尔茨海默病。因此,单凭这个基因并不能为临床医生提供足够的信息以预测疾病。但是,当我们把大脑扫描结果与基因资料相结合后,我们就能对他的大脑健康获得更清晰的了解。事实上,现在已经可能在痴呆症状出现的几十年前就发现大脑老化及阿尔茨海默病的细微证据。

这一基因的其他表型 APOE-2 及 APOE-3,能起到保持大脑年轻的作用,但是具体机制尚不明确。我们知道 APOE 产生的蛋白质在血中负责胆固醇的转运。由于某些类型的胆固醇,例如低密度脂蛋白 LDL(坏胆固醇)对大脑有害,所以三种不同表型 APOE 可能因为它们转运胆固醇的方式不同而对大脑产生不同的影响。

在我们最初发现 APOE 之后,科学家们也发现了其他一些可能有助于保持大脑年轻的基因。BDNF(brain-derived neurotrophic factor,脑源性神经营养因子)是一种刺激大脑细胞生长,增强神经元间连接的基因。另一个可能降低阿尔茨海默病风险的基因——TREM2,与机体的炎症系统相关,可能控制与老化相关的炎症反应,延缓大脑与躯体老化。

 知识点测试

回答下列多选题:

大学毕业的人

A. 罹患阿尔茨海默病的风险高

B. 罹患阿尔茨海默病的风险低

C. 比没有大学毕业的人更加骄傲自大

D. 上面答案都不对

正确答案:

B. 科学家认为教育有助于减低阿尔茨海默病的风险,因为教育可以促进认知功能。但也不能否认的是受过教育的人更容易关注日常生活习惯对健康的影响,容易通过锻炼和不吸烟来保持健康。

与基因相比较,激活大脑,锻炼身体,饮食控制,以及其他的健康生活方式对保持大脑年轻的影响更显著。我们在研究受教育程度对大脑功能的影响时就发现了这个现象。通过对不同年龄的志愿者进行脑 PET 扫描后,我们比较了获得大学学位和没有获得者的受试者大脑,发现二十多至五十多岁的大学毕业生的大脑记忆脑区比没有大学毕业的人更为活跃。实际上,获得大学学位对大脑功能的影响,比带有良好的 APOE - 2 或 APOE - 3 等位基因更大。当然,好基因也可能增加某人就读大学的可能性,但是一旦读过大学,充实的教育环境会进一步增加大脑的健康、保持神经元活跃及适应性,甚至是此后的几十年。

性生活,药物,以及摇滚乐

不久以前,保罗·麦卡特尼承认自己会忘记甲壳虫乐队早期歌曲的一些歌词。我想象他唱道:"她爱你,喔,喔,喔……"麦卡特尼的自我揭露很可能让很多婴儿潮时期出生的人们感觉好受很多,因为他们也会忘记他们自己钟爱的老歌的一些歌词。

音乐对大脑的影响巨大。最近的研究指出,当我们沉浸在音乐中时,我们的情绪和记忆都会得到改善。即使那些存在轻微认知损害的人,在聆听他们最爱的音乐一周后,他们的学习及回忆能力都有进步。

音乐能激活脑内的多巴胺奖赏系统及情绪控制中枢,杏仁核——在大脑深部外形像杏仁的一个核团。当我们欣赏音乐时,我们的大脑就会沐浴在愉快的多巴胺神经递质中。

发现 6:
聆听音乐能够增强大脑功能。

功能 MRI 研究显示,我们早年聆听的音乐类型会改变我们将来对音乐的偏好。如果你是听摇滚乐长大的,你成年后可能更喜爱滚石乐队而不是莫扎特。聆听最爱的歌曲或者古典乐片段,常常可以激起我们大脑中的化学反应,使我们的情绪产生波动,这取决于我们第一次接触这段音乐时的情感。

音乐记忆可以是很强的情感触发点。当你在热恋期时喜欢上一首歌,那么多年后再听到这首歌,很可能会激发你温暖和浪漫的记忆。当某一首歌流行时你正处于分手的痛苦阶段,那么再听到这首歌可能会让你感觉很难过。

60 至 70 年代是很多婴儿潮时期出生的人们听摇滚乐的时候,也是他们尝试消遣性毒品的时候。现在,接近 8000 万婴儿潮时期出生者开始步入老年(65 岁)——在这个年纪,阿尔茨海默病的风险会增加至 10%——很多人都会有疑问,他们当年服用的那些药物,会不会导致他们现在老化性记忆减退。

大麻是那个年代使用最多的消遣性毒品,长期使用被证实会损害记忆力及注意力。值得庆幸的是,当停止/减少吸食以后,大麻对大脑功能产生的潜在害处就会消失。但是,不同的大麻品种对认知功能的影响并不相同。大麻中主要的活性成分四氢大麻酚(THC),会让使用者产生欣快感,而第二种化学成分,大麻二酚,则会产生镇静作用。伦敦大学的研究者发现含大麻二酚少的大麻品种在过量中毒时会损害回忆能力,而那些含有较多大麻二酚的大麻品种却似乎并不损害认知功能。

有些人声称使用大麻可以增强他们的性快感。然而,做爱本身,无论用或不用大麻,都显示出对大脑的健康起积极作用。

发现 7:
健康的性生活对你的大脑有利。

普林斯顿大学与克莱蒙特学院的贝妮德塔·柳娜博士与她的同事发现,实验动物每日的性活动可以降低压力,刺激大脑产生新的记忆细胞,并且增强细胞间的连接。在人类研究中,性生活频率较高的男性预期寿命较长。其原因可能是性高潮时释放的激素 DHEA 降低了心肌梗塞的风险。另外,性高潮时释放的内啡肽和其他激素还可以降低紧张感,帮助男人女人睡得更好。

保持活跃的性生活还可以提升机体的免疫系统——它可以抵抗炎症。在一项针对大学生的研究中,那些每周至少进行 1—2 次性生活的学生,体内免疫球蛋白 A 的水平比没有性生活的学生要高30%。免疫球蛋白 A 是人体最重要的抗体之一,保护我们免于遭受感染性疾病。

社交互动可以保持大脑健康,但也不必为此非得找个亲密爱人。仅仅是参与一场热烈讨论也足以增强大脑健康。密歇根大学的心理学家发现,即使是一段简短的但是具有启发性的对话,也会提升记忆功能及思考速度。当你跟一个有同理心的朋友讨论一件烦恼的事情时,这种互动就能降低焦虑水平,并进而保护大脑神经元。

发现 8:
10 分钟的对话可以增强认知敏锐性。

精神力量对身体的影响

我们的精神状态对身体健康也有着巨大的影响。压力、焦虑以及恐惧可能会加重很多躯体疾病,包括哮喘、心脏病、溃疡性结肠炎以及高血压。

精神状态影响躯体的一个例子就是当某人尴尬或者生气时会面色潮红。我们的情绪状态会导致我们身体产生化学反应的瀑布效应。急性或慢性紧张焦虑会导致肾上腺分泌压力激素(如皮质醇),它会危害心脏、胃以及大脑。体内皮质醇水平的长期升高会损害认知功能,导致大脑中某些重要的记忆中心萎缩。暴露于压力中的人得阿尔茨海默病(最常见的大脑老化结果)的风险更高。

> **发现 9：**
> 减缓长期不断的压力能改善大脑功能。

　　幸运的是,积极情绪能保护大脑的神经回路。美好的感觉——包括爱情、兴奋以及快乐——都可以带来体内的化学变化,增强机体健康。无数的研究表明,积极情绪会减少躯体疾病和减少症状,提高对疼痛的耐受性。幸福感与快乐感能提升大脑和身体中很多"良好感觉"神经递质的水平,如多巴胺、血清素以及肾上腺素。

　　海伦·费雪博士与她在纽约州立大学石溪分校的同事们使用功能 MRI 扫描来确认人们在恋爱时被激活的脑区。她的团队研究显示,相爱的双方在想到对方时,他们的大脑扫描区域会被激活点亮。激活最强的脑区就是那些产生"快乐"化学物质的区域。

　　我个人的经历也说明了精神对身体以及身体对精神的相互巨大影响作用。我曾经诊治过一个狂热的游泳运动员。他开始游泳的目的是为了减轻他的腰痛,但是经过多年后,他每日游泳的习惯不仅能控制他的腰疼,而且他确信需要通过游泳才能保持他的精力及积极的情绪——他渴望通过游泳运动来激发提高情绪所需的内啡肽。当他的背部再次受伤后,骨科医生要求他绝对卧床。卧床两周之后,他的背痛确实逐渐好转,但他却变得情绪低落。等他终于可以再次游泳时,他的抑郁情绪几乎立刻就消失了。

> **发现 10：**
> 健康的身体能改善大脑功能。

　　每当我评估患者的精神症状时,我首先会寻找可能导致抑郁、焦虑或者痴呆症状的任何躯体或疾病因素。有时候,甲状腺功能异常、贫血、心脏疾病或者上呼吸道感染都可能导致焦虑、抑郁或者痴呆症状。了解这些身心的交互作用不仅有助于精确诊断,而且可以为改善及维持大脑健康提出更好的操作及诊治策略。

让你的大脑重获青春

尽管我的患者莎伦,那个房地产经纪人,是因为自己的记忆问题前来咨询,但她同时也非常注重保持一个年轻的外表。她对于年轻的追求导致她进行了多次的择期美容手术,因此也多次暴露在麻醉药物中,这些都会加速她的大脑老化进程。我最终劝服莎伦重新考虑她自己生活的主次,把大脑健康放在年轻外貌之上。当她确实感受到自己有能力改善记忆力之后,她开始督促自己采纳健康生活方式,同时开始我的这个训练项目,以保持大脑的年轻。

莎伦推迟了所有的择期手术,开始每天的健身锻炼,确保心脏向大脑及神经元输送更多的氧气和营养。我教会她一些基本的记忆方法以帮助她克服健忘,这样她就不会再为忘记把车停在哪里而焦虑不安。而且,她更容易记住客户的名字及交易的细节。莎伦也开始冥想,以帮助她缓解工作带来的压力,同时她发现自己的心情也开朗了。另外她还在每日饮食中增加了促进大脑健康、富含 Omega-3 的鱼类和坚果,具有抗氧化功能的水果与蔬菜。项目仅仅进行了一周,莎伦就发现自己回忆事情的能力明显提高。一个月后我对她再次进行了评估,她的语言及视觉记忆分数都有显著提高。

你知道吗?
你的大脑大约消耗了整个身体 20% 的氧气与营养物质。

保护你的大脑

纵观一生,各种疾病和意外如脑外伤、手术、血压升高以及小中风,都会破坏神经元回路,加速大脑老化。如果严重到一定程度,这些事件就会导致大脑永久损伤,但是通常情况下,这类事件造成的大脑损害都是暂时的,尤其是当人们保护他们的大脑以避免进一步损伤时。健康的大脑能够修复这些损害,甚至能够长出新的、健全的细胞。

加利福尼亚州拉霍亚的索尔克研究所的弗莱德·盖奇博士及其他科学家已经在成人大脑中发现了新的神经生长或神经再生。我们的 UCLA 研究也发现大脑训练以及健康的生活方式可以激活大脑的神经回路,让大脑的运行效率更高。前面提到的功能 MRI 扫描能显示出一个未经训练的大脑在面对精神挑战时会做出何种表现。暗色区域能显示出活动的神经网络。

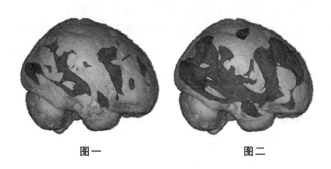

大脑训练的效果

图一　　　　　　　　　图二

将图一与图二比较,图二显示的是一个有经验的、经过认知训练的大脑。你可以看到全脑的活跃区域范围明显更大。

法国的雅娜·卡尔芒夫人

有记录记载的活得最长的人之一是雅娜·卡尔芒夫人,她活了 122 岁。她每天都锻炼,保持有益于大脑健康的饮食,保持思维活跃,一辈子都没有出现痴呆症状。从她的一些往来交易中可以看出她的思维敏锐。在她 94 岁时,她把她的公寓卖给了一个商人,条件是对方同意她免费居住直到她过世。10 年后,这个商人去世了,而卡尔芒夫人又活了 18 年,一直免费住在这个公寓中。

活得更长更聪明

通过保持大脑年轻,我们可以期待在自己的晚年享受更多的生活乐趣。医学技术的进步已经使美国及其他发达国家的平均预期寿命从 1900 年出生者的 46 岁延长到今天出生者的 78 岁。现在,不少科学家预估人类的平均寿命可能最终能达到 120 岁。

现在的证据很清楚:年轻的大脑就是更优质的大脑。读过之后的章节,你将学会一些策略和方法来帮助你控制大脑的老化。通过练习和训练,这些策略方法将会增强你的大脑神经回路,并且在不久的将来,你就会发现自己的记忆力提高了,思维变得更清晰了。

 脑筋急转弯答案

第 8 页:两位出租车司机。

出租司机们是在一条单行道上逆向步行。

第二章　掌控记忆

现在我是既健忘又觉得似曾相识。我认为我忘记了以前的这些事。

——史蒂夫·赖特

好多年了，我一直在洛杉矶和华盛顿特区之间飞来飞去，为美国国家卫生研究院评审研究基金项目。在参加完一场高度紧张的会议，仔细阅读了几百页的科学项目建议书之后，在回家的路上，我会在机场书店买一本平装书在飞机上阅读。我渴望阅读一些引人入胜的小说以帮助我从科学术语的海洋中逃离出来。

当我浏览书架时，一本肯·福利特的小说引起了我的注意。我读过好几本他写的书。尽管他写的小说中的主人公都多少有些相似，但是故事内容总会有些辗转曲折吸引着我。我浏览了一下书背面的故事梗概。这是一本惊悚小说，涵盖了政治阴谋、捕捉恐怖分子，以及一段三角关系——这些元素能够帮我减轻大脑疲劳。

在飞机上，读了 25 页，我就发现有一种似曾相识感——故事场景太熟悉了。我意识到大约 5 年前我读过这本书。我猜测出版商重新设计了这本平装版的封面，骗我又买了一本。我觉得自己很笨——为什么在读了开头几页或书背面的故事简介之后，还是没想起来我已经读过这本书了呢？

过目不忘

通常记忆不是这样工作的。除非某些记忆对我们来说有着特别的意义，否则我们的大脑很少将它们储存很长的时间。当然，确实有极少部分人可以记住他们过去经历中的每一个细节。他们具有超群的自传式记忆，或超忆症——很多人喜欢称之为过目不忘。他们具有不寻常的能力，可以回忆特殊事件以及他们生活中极其微不足道的细节。

詹姆斯·麦戈高夫博士及其在加州大学欧文分校的同事们曾经报道了一位具有这种情况的女士，她的记忆具有"不停顿、无法控制，以及全自动"的能力。如果你给她一个日期，她能够准确告诉你那一天她穿了什么衣服、吃了什么东西、做了什么事情。她可以记住主要事情，同时也记住不重要的细节。我们大多数人能记得肯尼迪或者约翰·列侬被枪杀的那天我们做了什么，但是我们能记得那天的前一天我们在做什么吗？通常不能。

那些有着超群自传式记忆的人的大脑联结模式很可能与99％的其他人都不相同。用 MRI 及 PET 扫描，研究者发现这些人大脑的颞叶与额叶之间的信息传导区域联结更好。这一发现也支持了其他一些研究的结果，如果这一通路受损，自传式记忆就会受损。

麦戈高夫推测，这些具有超群自传式记忆的人们的大脑总是被各种信息激发的刺激所淹没，他们不能分辨哪些信息是重要的、需要记住的，而哪些信息不是。对他们来说，所有记忆都是一样重要的。

作为一个超强记忆症患者，参加 SAT 考试或者律师资格考试是有优势的，但是在每天的日常生活中，他们未必能获得多少实际好处。事实上，这些人中的不少人总是很难忘记那些不愉快的记忆，忍受着强迫症状的痛苦，例如囤积癖或者洁癖（害怕细菌），还有需要分类和控制自己生活的每个方面。这会让他们筋疲力尽。

记忆：长和短

幸运的是我们的大脑已经适应保留那些实际而有用的记忆。我们的大脑学会了纵览全局。我们只会倾向于记住一些对我们有意义的细节而忽略其他细节。这一过程可以滤掉很多无用的细枝末节。我记住了福利特小说中的几个关键情节点以及主人公的人格特点，但是我忘记了书名和小说总的情节。或许我看到这本书原来的封面，就会认出这本小说，但是新的封面欺骗了我的大脑，让我忘记已经读过它了。

我们的大脑每天都会被各种感觉信息狂轰滥炸，但是大脑已经具备了能力挑选并抉择哪些信息是重要的、有意义的、需要以后再回忆的。没有这种能力，大脑就会始终处于筋疲力尽的状态，在大量细枝末节中寻找有用的信息。

神经心理学家对这种流动的琐事有一个称呼：感觉记忆。在我们清醒的时刻，身体的各种感觉器官向大脑传送各种感觉记忆。我们的神经回路会对这些事件创建短时记录，但是其中极少的一部分才被转为长期记忆储存起来，以备今后回忆使用。

我意识到这一现象是某天晚上我迷迷糊糊准备睡觉的时候，我在卧室里听见各种不同的声音。这实际上是一种令人平静下来的意念练习，促使集中意念并且放松身体。我的思绪在一个又一个声音之间游走：

屋顶飞机飞过的声音	冰箱压缩机嗡嗡声	远处的警笛声
我自己的呼吸声	风吹树叶的声音	邻居家的狗叫声

注意集中到这六种感觉记忆，实际上改变了我大脑的化学反应，让这些飘忽的感觉记忆转化为短期记忆。通常我不需要、也没有尝试去留存这些短期记忆，因此它们永远也不会变成长期记忆——明天、下周或者明年，我很可能完全想不起来这些细节。

然而，那晚，我没有注意到这些流动的感觉记忆中的大部分，因为其中一种声音占据了我的大脑——我邻居家的狗叫声。那只恶狗已经狂吠了几个星期了，打扰了整个街坊里的每个人。这个狗吠对我有意义，因为它激起了我的怨气。我开始琢磨怎么处理这件麻烦事，其结果就是我没法再入睡了。这个杂音使得其他声音都变成了背景声音。

尽管我邻居家的狗最终停止了咆哮，但我对它讨厌的感觉一直徘徊不去。我的这次经历为我们提供了线索，告诉我们大脑回路是如何工作从而形成牢固的、新的记忆的。

在这个案例中，我的情绪变化和隔壁持续不断的状况使得这些记忆变得有意义，因而很难忘记。当某件事有意义时，它就变得容易记住了。

屋顶飞机飞过的声音	冰箱压缩机嗡嗡声	远处的警笛声
邻居家的狗叫声！！ @＃＊		
我自己的呼吸声	风吹树叶的声音	

我怎么开始工作？

让某些事容易被记住，首先它必须能够引起我们的注意。当今社会很多人过着忙碌的生活——在不同的地点来回奔波，被太多的感觉记忆轰炸，这使得他们的大脑倾向于分心而不是专注。新科技——电脑、智慧手机、平板电脑及其他设备——随处可见。它们帮助我们存储信息，提供外在的记忆储存空间以增加我们的生物学记忆能力。但同时，我们也会变得过分依赖它们，使得我们不能集中注意力学习记住那些可能对我们很重要的新信息。

不久之前，斯蒂芬，一名64岁的历史学教授，因为记忆力逐渐下降来找我咨询。他说自己做科研和讲课的能力都没有问题，但是他在记住周末的出行计划，或者回忆刚刚看过的一部电影的名字之类的事情上出现了记忆问题。我问他是什么时候开始发现记忆出问题的，他说大约在一年前，在他85岁的母亲被诊断为阿尔茨海默病的时候开始的。他最终决定来看我的门诊，是因为一周前发生的一个意外。

"我当时正在为一年级新生的欧洲史备课，我的教学助理来得有点晚，他抱怨说路上交通很糟糕。我忽然意识到我完全没有注意到交通状况。实际上，我对于自己怎么开车来上班的事情彻底没有记忆。"

对人们来说，忽略自己的周围环境和每天常规的经历（例如开车上下班）并不罕见。大多数人在从事这些活动时是处在自动驾驶模式中，并不会过多地关注周围发生的事。他们可能在车里不停地转换电台，或者专注于一通免提电话。斯蒂芬的担心在他同龄人中是很典型的，他母亲最近确诊的阿尔茨海默病使得他对于正常老龄的记忆减退变得更加关注。我预感运用一些简单的记忆技巧就可以帮助斯蒂芬改善年龄相关的记忆减退。

专业的记忆冠军们已经设计出了非常多的、复杂的提高记忆力的技术来帮助他们记住超大量的信息——比如整页的电话本，或者成百上千的观众名字。但是很多普通人觉得这些记忆方法很难学而且也不实用。

我介绍的方法包括一些简单的、容易使用的技术，可以帮助人们克服日常的记忆障碍，例如忘记人名、忘记把东西放在何处等。事实上，只需要使用我推荐的最简单的两个记忆方法：聚焦和构图，你就可以显著地减少日常发生的健忘或记忆障碍。

聚焦（Focus）：关注你想要记住的东西

记忆拥有两项基本元素：学习和回忆。当我们的记忆开始工作的时候，我们允许新的信息进入我们的脑细胞，并且在之后把这些记忆提取和回忆起来。我们会忘记例如名字或东西放在哪儿之类的信息，主要原因是我们一开始就没有集中注意力。我的第一项基本记忆方法，"聚焦"，能提高你的注意力和学习能力，这样你的大脑就可以快速地将新信息存放于记忆区域，也就是神经心理学家所说的"编码"。

在每天上班的路上，斯蒂芬的大脑通常都处在漫游状态；他会思考一下今天的工作安排，周末要去做的事情，以及其他随机跳出来的事情。对他来说，上下班的路径实在太熟悉了，以至于他并不需要花费太多的精力关注路况，所以对于路上的环境细节他常常视而不见。当然，如果他面前突然停下一辆车或者一个行人突然间横穿马路，他可能立刻就会踩下刹车，避免发生车祸。他驾车多年，因此这些反应都是自动的，他确实也没必要记住开车途中发生的那些不重要的琐事。

在检查确认斯蒂芬不存在什么严重的记忆问题提示其患有阿尔茨海默病或其他痴呆之后，我开始想办法帮助他提高他的记忆力。我教会他一些简单的大脑训练来提高他的注意力及注意范围。我让他关注一张照片 30 秒,集中注意力记住越多的细节越好。然后让他闭上眼睛,我来问他,看看他能记住多少细节。

图片回忆

试试这个练习。仔细阅读这张图片 30 秒,尽可能记住图中细节,然后盖住图片,看看你能否回答以下这些问题。

- 图中有几个人? 几名女性?
- 桌上有几个台球?
- 有几个人拿着杯子?
- 有没有人穿着条纹上衣?
- 有几扇窗子? 挂着窗帘还是百叶窗?
- 每个人都是站着的吗?

通过练习,你回忆细节的能力会提高。这类练习能够训练你注意力集中的能力,并且帮助你时时关注新的信息。尽管这类细节可能看上去很琐碎,但是这种技能对于训练大脑编码新记忆是非常必要的。

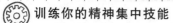

训练你的精神集中技能

很多人发现,当他们提高自己的关注能力时,他们的回忆能力几乎立刻就会提高。试试这些简单的练习,看你做得怎样。

当你看电影或电视剧时,有意识地注意一些特别的细节。你可以选择关注一些道具、发型、服装,或者你喜欢的任何东西。第二天测试自己,看看你能回忆多少细节。如果你是跟一个朋友或爱人一起看的节目,你可以漫不经心地提起那个管家摔碎盘子的房间里摆放的三角钢琴,让他们惊叹于你的注意力。

下次当你和某人对话时,尝试着特别注意他说话的内容。在大脑中记住某些小细节,尤其是那些你认为这个人觉得你肯定不会记住的那些小事——比如她打算当天去吃晚饭的地点/餐厅,或者她预约看牙医的时间。第二天看看自己是不是记得这个细节,然后给这个人打个电话或者发个信息,问问她事情进展得如何。掌握好这种技术不仅可以提高你的记忆力,还可以提高你的社交技巧,让你更受人欢迎。

构图:让新信息变得有意义且容易被记住

多年前,我在东海岸的一家小出版社开会。在等待资深编辑到来的时间里,他们介绍了十几个初级编辑或助理给我。在我们随口聊聊天气及体育新闻的时候,我运用我的记忆方法来记住每个人的名字。我碰到一个人叫戴安(Diane),她的紫色头发可能是染色的(dyed)。杰克(Jack)体型很棒,所以我想象他在健身房里做开合跳运动(jumping jacks,一种跳跃运动)。我想象着苏西(Suzie)坐在餐桌旁,一直在旋转桌上的圆转盘(a lazy Susan:餐桌转盘)。雅各布

(Jacob)的胡子让我想起圣经人物雅各布(Jacob)。使用这种方法,所有人的名字和脸就变得有意义,所以我就能记住他们。

当资深编辑到来并问我是不是见到所有人了,我就把他们的名字一个个都报了出来。他难以置信,问我是怎么做到的。我把聚焦和构图的方法解释给他听。当我遇到一个新人时,我就只是聚焦他的名字和面孔,然后把这些信息与我头脑中创造出来的想象画面进行构图。假如我遇到某人名叫乔(Joe),我先聚焦我的注意力,然后用他的名字和脸与他在喝一杯咖啡(a cup of joe)的画面进行构图。

把大脑的记忆系统想象成一个巨大的文件柜子,当我们聚焦时,我们先辨认这个需要以后归档的信息或画面。但是这个信息需要一个构图,或者文件夹,来告诉我们该把这个信息或画面放在柜子的哪一格里,这样当我们需要它时就能记得它放置的位置。不幸的是,我们大脑的神经回路搜寻信息并不是遵循字母表顺序或者使用杜威十进制系统作为编目方法。我们必须利用自己的想象和巧思来给这些记忆系统地编码储存,这样当我们需要的时候可以找到它们。

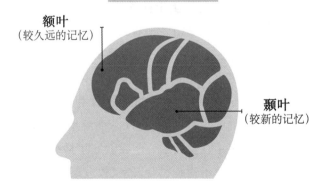

大脑的记忆中心

额叶
(较久远的记忆)

颞叶
(较新的记忆)

我发现聚焦和构图是记住名字和面孔的最有效方法,也是最方便的方法。这种技术利用了大脑的海马——位于颞叶太阳穴下面的结构,新的记忆在这里被编码。头部外伤导致海马或颞叶损伤时,可能产生顺行性遗忘,记不起来外伤之后发生的事情,这种情况可能导致难以形成新的记忆。大脑的额叶,或者思维脑叶,与颞叶协作,分析新的信息并决定它是否值得记忆。如果新信息被证明有价值,那么它就会被巩固,并且进入长期记忆存储。

加州大学圣地亚哥分校的克里斯蒂·史密斯和拉里·斯夸尔博士最近运用 fMRI 检查技术明确了大脑中长期记忆存储的部位。他们发现我们的记忆是从颞叶开始,经过神经信息通路最终到达大脑额叶。他们还发现某段记忆被保存时间的长短决定了它在大脑中的实际位置。太阳穴下的大脑颞叶的深层结构(海马和大脑的情绪中枢杏仁核)极少与长期记忆有关,主要是额叶来负责储存和管理我们的长期记忆。

所见即所记

我们都知道一句谚语"眼见为实"。人们总是相信他们亲眼所见的事。将这个概念运用到学习与记忆方面时,就是所见即所记。

古代先人大脑的进化更偏重于视觉的敏锐度,因为这样能提供生存优势。如果早期人类能够清楚地看到远处一只老虎直冲自己扑来,他们就可以及时躲避捕食者而获得更高的生存机会。视觉灵敏可以让某些早期人类拥有更好的捕猎技巧,能有更多的机会让自己吃饱并且喂养自己的子女,进一步增加了他们生存的机会。他们的后代很可能遗传了他们的视觉灵敏 DNA 从而继承他们的生存优势。

很多人在教学中采用视觉技术——在教室里播放一张幻灯片可以节省老师的很多时间。不论是在会议室、教室还是广告推介会上,视觉辅助可以使得信息容易被记住。然而,视觉图像需要一个框架让我们以后可以想起它。

练习将无关词语联系在一起

增强自己构图能力的有效方法就是练习将无关的词语联系起来。神经心理学家常常用这个方法来测试一个人的短期记忆能力。心理学家给患者看一些无关的成对词语,然后停顿一会儿,再给患者看每一对词语中的第一个,让患者回忆这一对词语中的第二个。

这里是一对词语的例子:

苹果—海绵

如果这是一对相关的词语,例如苹果—树木,那就会很容易让我想到苹果长在树上,但是以上一对词语的联系就没有那么明显。然而,通过一些想象,我就可以想象出自己拿着一块海绵在洗苹果。

现在你自己来练习以下这些词语组合:

窗户—泰迪熊

火山—橡皮筋

盘子—云

灯泡—电影明星

我想出一些答案,而你的答案可能也类似。我在橱窗里看见一只泰迪熊。我用一条巨大的橡皮筋绑住火山的顶端,这样它就不会喷发了。我把一个盘子像抛飞盘一样抛向云中。我喜欢的电影明星接受学院大奖时戴着一条闪亮的灯泡项链。

我的联想大多都很离奇,这样可以让我很容易记住。你可能会喜欢更符合逻辑或更明显的联想。假如这样的话,可能你会看到电影明星头顶上有一个很亮的灯泡,意味着他刚刚为一部电影想到了一个新点子。

有些人更偏爱语言，而不是视觉。其他人，例如音乐家，则倾向于更有效地运用自己的耳朵，而不是眼睛。不论你的神经偏好是什么，我推荐你尝试增强和调整自己的视觉技能和能力，为你的记忆创建一个框架。（尝试第 35 页表格内连接无关词语的练习。）

看脸认人

学会记住人名是训练大脑的良好开端。几乎每个人在他们四十至五十多岁时，都会在记住人名和面孔方面产生困难。在出版社的会议上，我利用把名字和面孔联系起来的技能记住了十二张新面孔。你也可以掌握这种技能。我建议你开始的时候只是记住名或者姓，而且每次不要一下子记很多，只要记住几个人的名字即可。

当我遇到某人时，我通常会在开始对话时当着他的面重复他的名字：

"你好，我是比尔。"

"很高兴认识你，比尔。"

如果可能的话，我会尝试提到这个名字让我想起我认识的另外一个同名的人——这是一种非常好的关联方式。如果别人向我介绍的名字是外国的或者不熟悉的名字，我有时会让他们拼写出来给我听。我就会尝试着把他们拼写的词语视觉化，这样就能帮助我记住它。我还会尝试在对话中重复对方的名字，这也能帮助我把名字牢牢记在脑子里。

辨认出某种特别的面部特征对于记住名字也很有帮助。它可以是一个温暖的笑容、大鼻子，或者不寻常的发型，也可以是一种给你留下深刻印象的人格特质或者其他躯体特征。通常第一印象是记得最牢的。

给某人的名字构建一个画面，所有的名字都可以分成两类来存储：一些能够唤起明显的视觉图像,而另一些则不能。中文姓氏中例如钱、江、石、杨、房、金很容易让人脑中出现图像。房先生正在打开他家房子的大门。杨女士在杨树林里迷路了。金小姐走过了一条金碧辉煌的走廊。

如果一个名字无法在脑海里唤起一幅明显的画面,那么我们就需要变得更有创造力,找到一个视觉图像听起来类似这个名字,或者甚至可能将名字中的音节拆分,再创造出两个甚至更多的视觉元素。学习并记住 *Today* 节目中天气预报员阿尔罗克(Al Roker)的名字,你可能需要想象他坐在短吻鳄(alligator)身上玩着扑克(poker)。你可以记住吉米·法伦(Jimmy Fallon)这个名字,通过想象他在健身房(gym),被哑铃绊倒(falling over)。

把一个新的人名与熟悉的人或著名的人物关联起来,是另一个记住人名和面孔的好方法。你遇到一个叫伊丽莎白(Elizabeth)的人,她有一双蓝眼睛,这就让你想起伊莉莎白·泰勒。(泰勒女士的眼珠实际上是棕色的,但是谁又记得住呢?)

你可以学习着把这些方法结合起来,或者只使用其中一种或两种。你想到的词语和画面不需要很完美。有时仅仅是关联画面与名字的这个大脑思考过程就足以让你永远记住一个名字。

你的钥匙在洗衣机上

我的朋友杰里拥有一家影音公司,生意兴隆,有好几个办公室,因此他的钥匙扣上有一大串钥匙。他不喜欢把钥匙放在口袋里,因为这会让口袋看上去鼓鼓囊囊的。糟糕的是,每当他准备离开家时,他不得不到处寻找钥匙,因为他想不起来之前他把钥匙丢在哪里了。杰里最终采纳了我的建议,把他的钥匙放在一个记忆位置。他决定每晚都把钥匙放在洗衣机上。当他上班时,他直接就能拿到钥匙,因为穿过洗衣房的门就是他的车库了。

记忆位置对于找寻习惯随手放置又常常容易找不见的东西,例如眼镜、手机、钱包以及钥匙,是非常有帮助的。如果你试着连续几天把东西放在同一个位置,它就会成为一个记忆习惯,你就不用再多思考了。我始终把钱包和钥匙都放在卧室里的一个固定的抽屉里,这样我就知道它们在哪儿了。这样做的好处就是,我永远不会落下其中一个。有些东西可能会被放在不止一个位置。例如,我太太吉吉,她总把手机或是放在钱包里,或是放在梳妆台上充电。她总是把钱包放在充电的手机旁边,这样她就会记得等一会儿把手机放进包里。

分心往往是忘记事情的最常见原因。我认识的一个畅销作者告诉我,她要花 20 分钟在屋子里到处找她的眼镜。最终,她经过一面镜子时才发现,眼镜一直戴在她脸上。

如果你真的找不到一样东西,尝试系统性地把你最近做过的事情在脑子里再重演一遍。然后跟着你之前的足迹,关注你可能放东西的每一个地方。你坏掉的耳环有可能是放在你刚刚挂进衣柜的夹克的口袋里吗?去看一看。可能你工作时它坏了,你就顺手放进了钱包。如果这些都不管用,束手无策时,那你就休息一会儿,然后再重新跟着你之前的足迹走一遍——你可能遗漏了什么。

看见未来:前瞻性记忆

最让人闹心和常见的几个记忆障碍就是忘记约会、把重要的东西遗忘在家里,或者担心找不见的东西可能丢了或者被盗了。我的一个患者和我提起一件事,她一边开车一边用车载免提电话和正在工作的老公通电话。在等红灯时,她瞥了一眼开着的手提包,发现她的手机不在包里。她吓坏了——是不是留在家里了?丢了?她让她老公拨打她的手机号,帮她找手机。很显然,当他拨打她的手机时,他们俩都意识到错误。她的手机一直都放在她大腿上。

大多数人认为记忆仅帮助我们回忆过去的事情,就是神经心理学家所说的回溯性记忆。但是记住当前及未来计划的能力,或者叫前瞻性记忆,也是我们执行和完成任务、差事及每日工作的基本认知技能。

几年前,我们还是依靠口袋里的小本子或者台历来帮助记录约会事宜;今天,大多数人用电脑或智能手机来记录我们的日程安排。然而,我们并不会把每次约会的所有细节都记录下来。例如你有一场商务会议,需要携带一份相关材料。你可能在准备出门的时候分了心,忘记带文件,直到你到了会场才意识到。如果这样的事情发生不止一次,那么你的前瞻性记忆可能需要做一些调整了。

增强前瞻性记忆的一个有效方法就是每天早上花一点时间想一想今天的日程安排。如果你每天在同一时间同一地点一再重复,例如每天从床上爬起来之前或者当你喝咖啡的时候,那么这种记忆习惯就会被增强。当你回想一天的安排时,思考一下每个约会和活动的细节。这样会帮助你确认自己已经充分准备好并且记得带齐了所有需要的东西。只要这样练习几天,新的记忆习惯就会变成一种第二天性。

记住你的任务清单

你有没有遇到过,到了超市发现自己忘记带购物清单了?如果你运用聚焦和构图来记住你的购物清单或任务清单,那就没问题了。这种方法培养你记住无关词语的能力,因为一张购物或者任务清单就是一张无关词语的清单。

简单地构思一个故事,把所有的词语联系到一起。例如,我上周六太忙了,以至于没时间写要完成琐事的清单,如下:

面包店——买一个馅饼

干洗店——拿我的夹克衫

钟表店——给手表换电池

宠物店——买狗粮

为了记住这四个任务,我创造了如下的故事:

带着狗去宠物店的路上,我觉得饿了,就在经过的面包店里买了一个馅饼。我的狗跳起来咬馅饼,结果把馅饼撞翻到了我的夹克衫上,这下我必须去干洗店了。我查看了一下手表看看时间够不够,结果它停了,所以我就只好先去钟表店换电池了。

我建议大家最开始时先对少量的几件物品采用这个被证明有效的记忆法,不久之后,你的能力就会提高,就可以记住很长的一系列无关物品了。值得注意的是,我的故事不是平淡的叙述,包含着很多的动作——这些元素能帮助我们更容易记住这个故事。

不久之前一个朋友正在描述她刚刚读完的一本书,但是她记不起书名了。她确信自己知道,它就在嘴边,但是她越努力回想,就越想不起来。而且这种挫败使得她更难集中注意力想起那个忘了的词。当然,一个小时后她想起书名了,虽然那个时候她并没有在努力回忆它。

我们大多数人多多少少都会经历这种常见的"就在嘴边"(又称"舌尖现象"),它真的很气人。好消息是,已经证明有技巧可以帮助减少甚至消除这些健忘。

提摩西·索尔特豪斯博士和他位于夏洛茨维尔的弗吉尼亚大学的同事们对718名年龄介于18至99岁之间的成年人进行了研

究,这些人参与了弗吉尼亚认知老化项目。他们用常识来测试这种"舌尖想象"的健忘现象,给志愿者看一些照片,并询问他们照片中的著名人物、地点或事件。和预期的一样,年老的志愿者出现"舌尖想象"的情况比年轻一些的志愿者更频繁,但是这并不预示着他们未来的认知功能会下降。研究者还测试了志愿者们的事件记忆,或者称之为某人回忆自己生活事件的能力。事件记忆也会随着年龄增长而退化,但是这种记忆损害与未来的认知下降有关系。

当我们逐渐老去,我们会获得越来越多的信息,这就增加了我们遇到"舌尖现象"健忘的可能性,而科学家们也会在统计分析他们的研究结果时按照年龄差异进行校正。忘记那些你确定自己知道却怎么也想不起来的人名或者词语确实很让人烦恼。它通常发生在你近期没有用到过它的时候。放松,那些储存这个记忆的脑细胞并没有死掉,它们只是暂时休眠了,需要重新被唤醒。

有这些经历是很正常的,这只是伴随老化出现的烦恼,不用过度焦虑,不必担心每次"舌尖现象"的健忘发生就是未来认知下降的前兆。那些每次想不起来一个词就觉得很紧张的人只会让自己更记不起来。

只要遵循我的指导,你可以很容易地减少"舌尖现象"健忘发生的频率。

- 当一个人名就滑到嘴边但却总是说不出来的时候,不要拼命去回想它。简单地记录下任何与这个人名有关的线索。
- 如果方便,通过你的注释上网查询或者在书中查询这个名字,或者询问一个可能知道这个名字的朋友。
- 现在运用聚焦和构图技巧,形象地把名字与你写下来的一个或几个线索联系起来。

这里有个如何操作的实例。一天,我太太和我在谈论老电影,我提到了 70 年代费·唐娜薇的讽刺作品,关于一个电视节目策划者的,他会为了获得更好的评分而不择手段。我只是记得电影里人们在大喊"我要疯啦,我再也受不了啦",但是我记不起来那部电影的名字。于是,我们用了我提供的相关线索上网查询,最后在看到标题"网络"时我们都说"就是它"。然后,我就运用聚焦和构图技巧来记住"网络"(network)这个电影名:我想象费·唐娜薇带着一个假发套(hair net),在桌子前工作(work)。我觉得我再也不会忘记这部片名了。

> **练习"舌尖现象"记忆技巧**
> 今天我在玩填字游戏时想不起来维尼熊的作者姓名。我用手机上网查询:当然,A. A. Milne 就是孩子们最喜欢的这本书的作者。运用聚焦和构图技巧把书名和作者名联系起来。你的想象画面可能会包含维尼熊里的人物。(我的想象画面在本章末。)

成为一个记忆高手

大多数人在熟悉和掌握了我介绍的方法后都感到非常满意,他们发现自己的记忆力明显进步了,而且大脑的老化过程也开始延迟。但是有些人则更有野心,他们希望仿效那些在国际比赛中获胜的专业记忆能手。

这些记忆大师中有不少人运用一种叫罗马房间法(Roman Room Method)的记忆方法,它是把聚焦和构图提升到另一个层次。

据说古罗马的演说家们就是利用这种方法帮助他们记住他们在

演说中想说的内容。这种方法可以把无关的词语或观点与一系列熟悉的视觉图像联系起来，可以是一幢房子里的不同房间，或者一个熟悉房间内的不同物品。你可以运用这种方法记住任何清单，这对于公众演讲会非常有帮助。

> ### 💡 容易记住又不容易被破解的密码
>
> 我们都有很多网站和设备需要管理，因此需要一个简单而有效的系统来帮助我们记住密码。如果没有这样的系统，我们可能只会选择一个或者两个容易记住的密码，这样就不够安全了。
>
> 以下是一种设置密码的方法，既安全又容易记住：
>
> 想象一句对你有着特别意义的话；例如：我（wo）的（de）狗（gou）是（shi）棕（zong）色（se）的（de）。用这句话里每个词语的首字母作为你的密码：WDGSZSD。然后把其他字母都变成小写字母——这样你的密码就会更安全，它既包括大写字母，又包括小写字母：Wdgszsd。
>
> 加入一个你容易记住的幸运数字或者符号：7Wdgszsd7。为了进一步加强安全性，你可以在密码的两侧加上惊叹号或者其他标点符号：！7Wdgszsd7！
>
> 对于潜在的电脑黑客而言，这个密码很难破解，但是对于你来说却很容易记住。

要尝试这个方法，首先先想象你居所里的一些熟悉的房间，想象你自己沿着一条固定的路线走过这些房间。对我来说，我会想象我自己在卧室里，然后，我看见自己经过走廊进入客厅，再穿过餐厅，来到厨房。当我确定行走线路之后，我再重新开始，但是这次我在每个房间里放着一个想象的物体代表我想记住的一个观点。最后，我想象自己在房子里又重新走了一遍,当我看见每个房间中放置的想象的物体时回顾我希望记起的那些观点。

在最近的一场关于阿尔茨海默病的讲座中,我就是运用了这个方法来记住我想表述观点的顺序。开场是先介绍一下阿尔茨海默病发病率的相关数据,所以我想象了卧室枕头上的一个计算器来帮助我回忆数字或统计数据。然后我经过走廊,遇到一个穿着白大褂带着听诊器的医生,这是提醒自己要讨论阿尔茨海默病的医学评估。在客厅里,我想象看到一台很大的 PET 扫描仪,提醒我自己之后要讨论影像诊断。当我经过餐厅时我看见桌上有个巨大的药罐子——我想要接下来探讨与痴呆相关的药物治疗。最后,在厨房里我看见一个运动员边慢跑边吃着一大碗蓝莓,这就提醒我要在最后回顾一下运动、饮食以及生活方式改变可以延缓阿尔茨海默病状的出现。

钉子法(Peg 法)是另一种记忆方法,能帮助你记住电话号码和其他数字类的信息。尽管我们现在把很多这类信息储存在电子设备中,但是有一些数字我们很容易记住,例如你女儿的电话号码,或者你的驾照号码。

通过钉子法(Peg 法),我们把数字和视觉图像联系起来方便记忆。首先分配(并且记住)一个图片对应 1 到 10 的每个数字。

 以下是我喜欢用的钉子法(Peg 法)的实例:

1——领带(看起来像 1)

2——眼睛(总是成对的)

3——瞎老鼠(总是三个一组的)

4——轮胎(每辆车 4 个)

5——5 美分硬币(5 分钱)

6——啤酒(6 瓶一提)

7——骰子（幸运 7）

8——黑八（台球中的 8 号球）

9——猫咪（有 9 条命）

0——满月（看上去像 0）

+-

在你记住这些钉子（peg）或者你自己的序列以后，你就可以创造一个故事来记住所有你想记住的数字序列了。以下是我怎么创造一个故事来记住下面这个驾照号码：

A2345678

桌上有个大红苹果（Apple，A），我目不转睛（2）地盯着它。突然三只瞎鼠（3）尖叫起来，它们的轮胎（4）着火了。它们问我要五分钱（5）去买啤酒（6）。边喝酒，它们边玩骰子（7），赢家可以把八号球（8）打进洞里。

这个故事听上去很傻，但是一旦我在脑中想象几遍之后，我就再也不会忘记了。

你的记忆力已经变好了

你已经掌握了一些提高记忆力的基本技能。在之前章节中，你曾经尝试通过一个故事形象地把一系列无关的词语联系起来。现在你学会了聚焦和构图，看看你需要多少时间来记住这些无关联的词语。

鲨鱼　杂志　教授　棕榈树　划船　飞机　桌子

你的教授在划船、坐在桌边，还是开着飞机？或许你看到的是一条鲨鱼正在追踪教授，或者可能是鲨鱼靠着一棵棕榈树躺着休息，旁边放着很多杂志？这种练习你会越练越容易，而且你会发现自己记忆的能力也在持续增长。

UCLA 研究团队已经发现,通过这些方法训练,可以在几周内显著提高记忆力。长期研究也确定,在训练五年后,记忆力和认知功能都有提高。约翰霍普金斯大学的乔治·利保克博士和他的同事们最近报道说,参加认知训练课程的 2832 名中老年人,日常生活及逻辑判断的能力在 10 年后都保持得比较好。

> 💡 **再来做一些"舌尖现象"的练习**
>
> 在听怀旧广播时,你突然听到了熟悉的、70 年代后期的摇滚音乐《我的莎朗》。你有这张专辑,而且你也知道乐队的名字,但是你就是想不起来这个歌名。当你发现乐队名字叫"诀窍"(the Knack)之后,试着运用聚焦和构图方法来记忆,这样你就不会再发生"舌尖现象"的错误了。(我的答案在本章末。)

现在你知道了增强记忆力的基本原则。通过"两周重塑年轻大脑"的训练项目,训练你的记忆能力,你将会发现这些方法会变成一种第二天性,以后每一天你都会用到它。

掌控每日记忆

- 练习以下两项基本记忆方法:
  - ➢ 聚焦:集中注意力记住你想记住的内容。
  - ➢ 构图:赋予信息以个性化的意义,让它容易记住。
- 利用你大脑天生的想象力记住你"看见"的事:赋予你想记住的内容以视觉图像,把它们联系起来,将来更容易回忆起来。
- 创造记忆位置,避免随手乱放东西,如钥匙和眼镜。
- 利用形象化的故事把你的任务清单联系起来,让它们容易记忆。

- 克服"舌尖现象"现象,写几张小纸条,查找忘记的词语,然后再运用聚焦和构图来帮助自己下次记得它。
- 尝试运用罗马房间法和钉子法来记住你的演讲、任务和常用号码。

我的"舌尖现象"练习的答案

第 42 页:练习"舌尖现象"记忆技巧,来把"小熊维尼"和作者艾伦·亚历山大·米恩(A. A. Milne)联系起来。我看见这样的画面:小熊维尼绕着跑道走了一(a)英里(mile)。

第 45 页:再来做一些"舌尖现象"的练习。每次当我听到《我的莎朗》的迷人节奏时,我就想象自己随着表演者的节奏叩击着我的指关节(knuckles)。

第三章　减少压力，增强大脑

> 下个星期肯定不会有糟糕的危机了。因为我的日程表已经满了。
>
> ——亨利·基辛格

我想象你很放松地躺在美丽的沙滩上。太阳快要落山了，你能感觉到脸上拂过一缕清凉的微风。你一点也不担心，没有截止日期。你可以沉沉睡去，但是你还是想再享受一会儿这美妙的时刻，看着被落日映照着色彩斑斓的天空，欣赏着落日慢慢消失在地平线下。

有可能你很久都没有真正享受过这样放松的时刻了。我们中的大多数人都需要安排好假期来享受这样的体验，只是去一个度假胜地——预订房间，打包，往返于机场——就可以产生一种特有的压力感。即使到了度假地，我们还可能会被手机、电脑或者那些我们想逃避的烦恼事物所分心。

压力是日常生活的一部分。有时它来自于我们控制不了的外部世界，例如污染、噪音、意外或者交通阻塞。另一些则是来自我们自身，认为自己应该承担超过自己能力范围的责任，未能事先计划，或者卷入具有破坏性的人际关系中。

急性应激发生时,我们通常能意识到——我们会有突发的躯体和心理症状,包括心率加快、出汗、害怕、惊恐和担忧。持续的或者慢性的压力则较为隐形,更难被发现。很多人认为,如果他们没有感觉到明显的症状,那么他们就不可能处在真正的应激压力下。然而,这些未被识别的慢性应激,却可能对我们的身体和大脑产生深远的影响,导致头痛、失眠以及情绪变化,而且会增加罹患多种疾病的风险,加速大脑老化。

尽管压力紧张通常都被认为是大脑的敌人,但是它也不总是坏的。少量的应激压力能激励我们,教会我们应对挫折,使我们更加容易面对未来的挑战。某些极高强度的紧张体验也可以让人很兴奋,例如从陡峭的滑雪坡道一路滑下或者从 15,000 英尺高空跳伞降落。

压力下的大脑

当我还在医学院学习的时候,我被精神医学所吸引,我着迷于大脑对身体的超级控制能力。当看到自己面对应激时躯体的反应时,我们可以感觉到大脑力量的强大,它来自于大脑的内在,并可以追溯到我们祖先的生存技能。

当我们的祖先感觉到威胁时——或许是一只剑齿虎或者凶猛的猛犸象——这种威胁所产生的急性应激会激发他们身体的"战斗或逃跑"反应,向身体和大脑释放皮质醇及其他压力激素。这些激素会导致他们的心脏跳得更快,并向神经元输送更多的营养物质,提高他们的注意力并快速思考。他们必须立刻决定是站在原地战斗,还是马上逃跑。

在现代社会,来自于真正捕食者的危险极其少见。我们当今面临的更多的应激都是慢性的,来自于日常生活环境的恶化,例如交通、工作、经济以及挑战性的人际关系。尽管我们应对急性应激的本能反应跟原来一样，但现在的生存环境中我们已经不再需要了。科学证据显示，压力激素的慢性升高会损害大脑细胞，损伤记忆，增加阿尔茨海默病的风险，并且缩短预期寿命。

正如我们的早期祖先一样，急性应激导致的大脑活动仍然是从额叶（额头后方）的控制执行功能及思考的中枢转移到合仁核（太阳穴下面）的控制情绪和反应的中枢。这种转换使得我们得以快速反应并本能地感知到威胁——例如努力寻找丢失的钱包，或者在高速公路上躲避横行的 SUV——并且不被任何复杂的、试图解决问题的想法所打扰。在这种压力导致的大脑活动转化中，想做出重要决定通常都不明智，因为在这种情况下，额叶分析复杂细节并进行逻辑判断的能力是下降的。

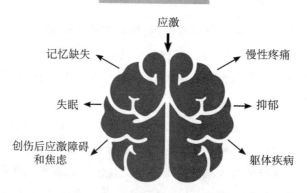

应激的效果

应激

记忆缺失

慢性疼痛

失眠

抑郁

创伤后应激障碍
和焦虑

躯体疾病

科学家给人类志愿者注入皮质醇后，观察到他们的学习及记忆力都有显著下降，当皮质醇水平恢复正常，他们的认知功能也就随之恢复。在某些实例中，急性应激被发现是可以增强记忆的。在遇到紧张的情感刺激之后，不论是正性的还是负性的，我们常常能记得事件的更多细节。例如，我们中很多人都仍然能记得我们婚礼那天做了些什么，或者911恐怖袭击那天做过的事，但是对于此类事件发生之前一周的事情却记不了多少。动物实验和人类实验都指出，皮质醇水平的提高是导致情感性记忆增强的原因。

> **你的压力有多大？**
>
> 如果你想要改善你的压力管理技能，最好先评估一下你目前的压力有多大。如果以下陈述符合你，请在该行打勾：
>
> ☐ 我容易担心一些细节事情。
> ☐ 我常常悲观看待事情。
> ☐ 我经常感觉到紧张。
> ☐ 在压力下我很难集中注意力。
> ☐ 我通常是个没耐心的人。
> ☐ 我常常怀疑事情会变得更好。
> ☐ 我经常会睡不着。
> ☐ 有时我会紧张地抽动、咬指甲，或者踱步。
> ☐ 我容易胃口不好。
> ☐ 我常常感到头痛、背痛、胃不舒服，或者大汗淋漓。
> ☐ 我通常难以做决定。
> ☐ 周围人会发现我紧张或焦虑。
> ☐ 有时我会感到心跳很快或者呼吸急促。
> ☐ 我很容易被别人激怒。

　　应激或压力导致的某些心理症状很容易辨识，例如焦虑、害怕、紧张或恐惧。但是由应激导致的其他一些心理反应就不那么明显了，包括生气、困惑、抑郁、没耐心、激惹以及记忆缺失。应激/压力还会导致躯体症状，例如疼痛、食欲改变、疲劳、头痛以及失眠。那些承受过量应激/压力的人们发生心脏疾病、高血压以及糖尿病的概率更高。血压升高可能会导致脑内小中风,可能损害记忆,而糖尿病患者发生阿尔茨海默病的几率会高 2 倍。

把第 51 页测试表内打勾的项目数量加起来。如果总分等于 4 或更少,那你很可能没有太大的压力。如果你得到的分数在 5 到 8 之间,那么表示你处在中度压力水平下,而总分大于或者等于 9 则提示你可能压力高,这会影响你的健康。值得庆幸的是这个简单的自评中你的分数越高,那么通过学习和使用有效的压力管理技能,你更有可能改善大脑健康,提高记忆力。

压力影响记忆力

肯和雪莉,都快 70 岁了,他们终于决定退下来,跟他们的很多朋友一样,卖掉郊区的家庭住宅。肯几周后就要退休,他们想要去旅行,花更多的时间陪伴孙辈,再把新买公寓安顿好。

雪莉忙着打包,捐掉家具和其他一些东西,将那些看起来成吨的纪念品分门别类整理好——孩子们的作品、照片、节日贺卡、旧日历本,以及那些所谓的宝贝,因为新公寓里没有足够的空间用来储存它们。她的女儿们想帮忙,但因为雪莉坚持要自己过目每一样东西而作罢。她要自己决定哪些要留下,哪些要丢掉,而哪些需要打包。

雪莉不仅要把住了 40 年的家拆卸打包,她还要监管新公寓的装修,熟悉新街区的周围环境。哪家超市卖的东西最好?附近有没有很好的饭店?她该去哪里做美甲?雪莉的头脑在轮轴转。肯已经尽量帮忙了,但是他仍然在全职工作,不可能一直在旁边。

雪莉还需要考虑她患有晚期阿尔茨海默病的妈妈。她无法决定应该把她留在老房子附近的护理院中,还是一起搬到城里,好离她比较近。因为要做太多的决定,雪莉开始感觉到力不从心。

当雪莉发现她开始记不住自己当天的约会,甚至有一半的时间不记得自己的钥匙放在哪里时,她的担忧加重了。忘记得越频繁,她就越担忧。她害怕自己跟妈妈一样得了阿尔茨海默病,她不停地跟肯说起这件事。最终,肯对她说,如果你真的很担心,就去找医生看看吧。

训练你的压力探测器

下次当你观察人群时,关注某个人,记录下任何表达他处于压力之下的身体语言或表情。有没有看到他皱眉头?隔壁桌的女士是不是在抖脚或不停地左顾右盼?那个经过的生意人好像约会迟到了?他是不是一直在看手表?你练习得越多,就越容易分辨人们是很平静还是处在压力之下。

当你对于辨别这些信号很有信心之后,把注意力转移到自己身上,你是不是也在散布焦虑信号?你的肌肉紧张吗?你是不是在捻头发或者不自主地踱步?如果是的话,那就深呼吸几次,想一想是什么导致你的焦虑。

当雪莉第一次到我这儿就诊时,她显得心烦意乱。她告诉我她妈妈的情况以及她担心自己遗传了阿尔茨海默病的基因。她确定自己已经开始出现这个病的早期征兆——忘记约会、乱丢钥匙,甚至在讲话时不停地重复。当她告诉我目前她生活中正在发生的所有事情后,我说我很惊叹她还能记住任何事情,因为她需要同时处理的事情太多了。

我让雪莉做了一些基本的记忆测试——词语系列、数字系列——并没有发现在她这个年纪有什么记忆异常。我们讨论了一下她所经历的各种压力,以及压力如何导致暂时的记忆缺失。然而,如

果她不想办法更好地应对她的压力的话,这种短暂的记忆损害可能
转变成一种长期的伤害。在诊疗结束的时候,雪莉同意接下来每周
随访一次,这样我们可以一起集中于降低压力的方法,帮助她应对目
前的生活剧变。

几次诊疗之后,雪莉学会了如何识别焦虑以及如何运用放松技
术来减轻焦虑。她开始做深呼吸练习,每天进行一次或两次散步,最
重要的是,寻求他人帮助——例如让她的女儿们帮忙一起整理和打
包。雪莉不再专注于事事亲力亲为,对于自己的选择也更加自信。
她决定暂时不给妈妈搬家——可以等事情尘埃落定以后再作改变。
雪莉租了一个小的储存空间,来收藏那些放不进公寓又舍不得丢弃
的东西。果断和采取行动确实降低了她的焦虑水平。

不久之后,雪莉说她容易记住事情了——她觉得大脑又开始变
得灵活和可控了。等到她不需要定期来就诊后,她挤出时间一周两
次去上瑜伽课,而且感觉自己比过去平静安详。

当人们压力过大时,他们常常容易分心,无法集中注意力接收新的
信息。注意力不集中还会导致更难找回过去的记忆。慢性应激可能会
产生更深远的影响,不只是影响记忆力,而且增加变为痴呆的风险。

雪莉很担心她的记忆问题意味着她正往阿尔茨海默病的路上发
展。她在她母亲记忆力开始下降时,看到了同样的情况。然而,对雪
莉来说,是搬家的压力应激导致了她的记忆力下降,除此之外的记忆
衰退是她这个年纪的正常表现。

莉娜·加汉森博士和她在瑞典哥德堡大学的同事们通过对一千
多例女性超过35年的跟踪随访,研究压力应激对大脑的影响。研究
者测评了紧张、焦虑、恐惧、激惹以及失眠的水平,发现中年时承受较
多压力的受试者,晚年发生阿尔茨海默病的风险较高。他们还发现
中年压力可以预测晚年大脑异常的水平,包括脑萎缩和大脑血管的

硬化。

这些研究者还发现中年产生压力的数量和持续时间是晚年痴呆发生的独立风险因素。因此,如果一位女士经历了离异,又丢了工作,而且她还有一个弟弟患有慢性抑郁症,那么她可能比另一个同样离婚,但是有稳定工作、没有精神障碍家族史的女性更容易患痴呆。

其他研究还显示,容易感到压力的个体与其他能更好应对压力的人相比,发生阿尔茨海默病的概率可能高 3 倍。这些研究发现提示,尽管人们面对不同的压力,但是通过有效的压力管理,我们可以保护大脑免受永久的损害。

即使是儿童期经历的急性应激,例如经历父母早亡,也会增加晚年患痴呆的风险。这可能是因为早期的创伤体验产生长期的痛苦,导致机体压力激素调节的变化,最终损害大脑细胞。对大屠杀幸存者的研究显示,他们体内的压力激素水平在创伤体验的几十年后仍然维持在高水平。

⚡ 快速简单的缓解压力方法

冥想、瑜伽以及其他减压练习,可以帮助大脑从应激相关的、损害大脑神经元的活动中转移到正向的、放松的以及大脑保护性的状态中。用几分钟时间尝试以下练习,让大脑来一场快速的正念提升:

- 找一张舒服的椅子坐下,把你的双脚平放在地面上,并让脚尖稍微朝外。
- 把你的双手放在大腿上,手掌向上,闭上双眼。
- 深并缓慢地呼吸几次,用鼻子吸气,用嘴巴呼气。
- 感觉你的身体放松,大脑变得平静。
- 继续吸气和呼气持续一到两分钟,然后睁开你的眼睛。

一次或者多次严重创伤可能导致持续的焦虑状态,例如创伤后应激障碍(PTSD)。有这种情况的患者常常会经历反复的闪回和噩梦。一些研究提示这些患者的压力激素反应是过度活跃的,导致大脑对任何恐惧刺激都过度反应。除了这个创伤事件不时冲击脑海之外,PTSD患者还经常抱怨难以记住那些日常不带感情色彩的活动。

加州大学旧金山分校的研究者发现PTSD患者在认知功能测试中得分较低。科学家注意到,患者能自控的风险因素导致了他们的低分情况,提示增加运动、改善饮食、接受更多教育以及其他健康生活方式,可以改善患者应激相关的认知表现。

大脑额叶的神经元活动决定了PTSD患者的闪回和噩梦现象。大脑的海马(颞叶)把记忆放进情境中,涉及PTSD患者的情绪记忆。抑制海马活动可能导致PTSD症状。

解决情绪问题

有时慢性应激可能导致持续性抑郁状态,比一般人日常体验到的一过性不快更为持久。在生命中的某个时候,我们中的五分之一都会经历一次抑郁,影响我们的日常活动,但是这些抑郁可能通过心理治疗、抗抑郁药物治疗或两者结合而得到改善。

大脑中复杂的化学物质不平衡会导致抑郁,这很重要,因为大脑的化学状态对心理和社会诱因很敏感。抑郁症患者脑中神经递质5羟色胺的功能异常或者被耗竭,这就是使用可增加5羟色胺的抗抑郁药能改善抑郁症状的原因所在。

即使某人有抑郁的遗传素质,心理应激仍然是导致抑郁的主要因素。精神动力治疗可以减轻抑郁症状。它能帮助患者了解自己的心理冲突,并且增加他们对于过往经历对当前行为影响的理解。

认知行为治疗是另一种有效的谈话治疗,通过挑战抑郁患者的负性思维模式,帮助他们改变或纠正不当的行为,来改善患者情绪。

💡 识别抑郁症

要想判断你或者你认识的人是否患有抑郁症并且能否治疗有效,需要看看是不是至少具备下述所列症状中的四种:

- 悲伤或绝望的感觉
- 夜间睡眠困难或者睡眠过多
- 对日常活动失去兴趣
- 罪恶感
- 疲劳和做事无动力
- 注意力不集中和记忆障碍
- 食欲或体重的减少或增加
- 有自杀的想法

虽然有些人可能只表现为其中的两个或三个症状,但如果症状很严重,仍然需要去寻求帮助和治疗。同样,一个年长的人可能会抑郁,但表现出来的症状却不一定符合典型的抑郁症。他并没有沮丧和悲伤的感觉,只是一直在担心他自己的身体疾病和记忆缺失。在这种情况下,体重减轻、失眠和抑郁症其他的躯体症状可以帮助确定诊断。

大脑的结构和功能可能会影响你患抑郁症的风险。大脑扫描研究结果显示,抑郁患者大脑中控制情绪调节的脑区体积缩小,这包括杏仁核、海马以及额叶控制共情和冲动的某些区域。医生对抑郁的生理机制了解得越多,就能更好地给予精准治疗。海伦·梅伯格博士和她在埃默里大学的同事们发现,前脑岛(调节情绪反应的区域)活动下降的患者对认知心理治疗的反应最好。而对前脑岛活动增强的患者而言,对抗抑郁药物治疗的效果更好。

如果抑郁不予治疗,经常会导致记忆力下降。研究指出,抑郁是将来发生痴呆和阿尔茨海默病的危险因素。伴有轻度认知损害(MCI)的患者如果同时患有抑郁,那么他们将来发展成痴呆的概率是不伴有抑郁的 MCI 患者的 2 倍。某些老年患者如果同时患有抑郁和认知损害,那么早期他们对抗抑郁药物还是会有反应,但随着认知损害的加重,抗抑郁药物就不再发挥作用了。

有时,当人们发现自己的记忆力下降时会表现出抑郁,但是UCLA 研究提示,抑郁症状可能实际上就是大脑中已经发生的神经退行性变的生理反应。阿纳德·库马尔博士和我对重症抑郁的老年患者进行了大脑 PET 扫描,发现他们的大脑内淀粉样蛋白和 Tau 缠结(tau tangles)的水平增高——与阿尔茨海默病患者的大脑异常蛋白沉积现象相同。

> ## 💡 极度焦虑
>
> 对某些人来说,压力会导致焦虑,而不是抑郁。担忧、害怕和恐惧让人们无法集中注意力,也无法有效地记忆。典型的焦虑症,例如惊恐发作、PTSD 以及广场恐怖症可以是非常严重的。
>
> 极度焦虑会增加大脑的压力激素水平,增加中风概率。玛雅·兰比亚斯博士和匹兹堡大学的同事们对六千多名志愿者追踪了二十多年,发现焦虑水平高的志愿者患中风的风险提高33%。而且,焦虑的人更可能吸烟,并罹患高血压——这两点也说明了为什么焦虑会和中风相关。

压力—疼痛循环

我的一个老朋友多年来时常抱怨背痛。每当有应激事件发生时,比如跟女朋友分手了,股票突然跌了,或者遇到他搞不定的问题,他的背痛就会突然发作。

压力和疼痛常常如影相随。当人们感到情绪上的压力时,他们就更容易注意身体早已存在的疼痛症状。反过来,慢性紧张性躯体疼痛会让很多人感到压力、焦虑甚至抑郁。

情绪压力可以触发身体的交感神经系统释放肾上腺素和皮质醇。这些压力激素导致肌肉紧张,可引起头痛、背痛、颞下颌关节(TMJ)综合征,以及其他躯体不适。消化道活动减慢,可能导致气体积聚在胃部并导致胃痉挛和消化不良。慢性应激还可能激发和激活躯体的炎症反应系统,导致已存在的躯体疾病(例如心脏疾病或哮喘)恶化。而这些躯体反应只会进一步加重对情绪的困扰。

任何一种急性疼痛都会导致紧张和压力,但是疼痛的重要作用是给大脑发出信号,告诉大脑身体受伤了,需要关注。然而,当疼痛迁延为慢性时,它就可能会限制个体的躯体活动范围,并干扰学习和记忆的能力。

大脑的内在结构可以预测躯体的疼痛是暂时的还是慢性的。西北大学范伯格医学院瓦尼亚·阿卡利(Vania Apkarian)博士及她的科研团队使用 MRI 扫描来研究腰痛患者的大脑。他们发现,疼痛超过一年的患者大脑的外缘,就是我们常说的大脑灰质部分都比较小。然而,有效的治疗可以逆转大脑的萎缩和慢性疼痛。大卫·塞米诺瓦兹博士和马里兰大学的同道们发现,11 周的认知行为治疗能改善慢性疼痛患者的症状,并增加他们大脑灰质的体积。

对于很多应激来说,只是通过和朋友和家庭成员讨论自己的感受就可以改善患者的精神状态。然而,那些经常沉浸在症状中的慢性疼痛患者,倾向于远离人群,其所建立的不健康的人际关系使得他们感觉被孤立而不是被支持。因此,很多疼痛患者更加不愿意讨论他们的症状,进而导致他们感觉更孤立。

有效治疗疼痛能缓解压力,而有时抗抑郁药物可以降低抑郁和疼痛症状。当你觉得不那么抑郁了,你也就不容易察觉到身体的疼痛,学会更好的放松方法可以让疼痛症状得到进一步改善。

良好的睡眠

舒适的睡眠对于保持大脑年轻至关重要,但是压力经常会损害睡眠。睡眠被剥夺不仅会导致疲劳,还会损害注意力、学习能力和记忆能力。失眠和辗转反复的睡眠与糖尿病、肥胖以及心脏疾病的高发生率有关——这些情况都会损害大脑的健康。研究表明,少睡 2小时就会体验到短期的记忆损害。这是一种非常常见的问题,至少50%的成人都会经历某种形式的失眠,因而无法获得足够的睡眠。

> ### 减少压力的"中场休息"
>
> 躺下或者舒服地坐于椅内。深而缓慢地呼吸几次,然后闭上眼睛。开始放松你身体的每一块肌肉,从脚趾和脚开始。放松每一块紧张的肌肉,持续缓慢地呼吸,让放松的感觉从你小腿上升到你的大腿。然后,让放松感蔓延到你的骨盆和腹部。逐渐放松你的胸部肌肉、手臂、手掌。接下来你放松一下肩膀和脖子,你可能会想要稍微动一动让那里的肌肉放松。现在放松你的下巴和面部肌肉。
>
> 最后,再深深吸气一次,吐气,然后睁开眼睛。你的身体会感觉到放松,你的大脑会感觉宁静。这是一种很有效的方法,在任何时候都能快速减压。

在睡眠状态中,大脑能巩固记忆,增加第二天的回忆能力。黎明前,我们睡眠周期的约 20%为快动眼期,或 REM 睡眠,对精神健康至关重要。在 REM 睡眠期,我们会做梦,研究表明这一重要睡眠期时间减少可能导致精神耗竭。

用于治疗失眠的镇静药物会抑制 REM 睡眠。当人们停止使用这些药物后,他们常常会做极其鲜明生动的梦,这种现象被称为 REM 反弹。

研究者已经发现睡眠损害所导致的神经元变化,而这些神经元变化可能影响头脑的清晰和大脑的健康。瑞典科学家克里斯蒂·本尼迪和她在乌普萨拉大学的同事们发现,当志愿者被剥夺一晚的睡眠后,他们的血液中那些意味大脑受损的分子水平暂时升高了。约翰霍普金斯大学布隆伯格公共卫生学院的亚当·斯派拉博士和他的同事们报道称,睡眠质量较差以及睡眠时间较短与淀粉样蛋白水平升高相关,而淀粉样蛋白是阿尔茨海默病的一种异常大脑沉积物。

当我们睡眠不足时,我们的大脑开始发炎。微小的炎症细胞攻击正常脑细胞,这个过程持续存在就可以导致神经退行性变,就如同阿尔茨海默病一样。然而,经过一晚的好觉,这个炎症过程就会被逆转,炎症反应会显著减少。打呼噜和辗转不安的睡眠会增加代谢综合征的风险,代谢综合征可能导致认知功能的损害。

当我们清醒并执行日常认知工作时,我们的大脑细胞会新陈代谢,吸收氧气和营养物质。这一过程产生的代谢产物和废弃物对神经元是有毒的,所以必须被清除,以避免阿尔茨海默病的发生。睡眠对于清除那些代谢垃圾是必须的。罗切斯特大学和纽约大学的动物实验证实,睡眠会增加大脑废弃物清除系统的活动。

睡眠障碍也是抑郁症的一种症状表现。当抑郁症患者接受标准治疗——心理治疗、药物治疗或两者结合——他们的睡眠习惯会得到改善。一种治疗抑郁症的新策略认为治疗失眠同等重要,通过运用认知行为治疗来治疗失眠。这种结构化程序治疗帮助患者找到影响他们睡眠的想法和行为,教会他们采用新的行为方式来获得安宁的睡眠。

位列前十的减压策略

我们不可能消除所有的生活压力,但是我们可以学习和掌握一些策略来减少压力。UCLA 的研究团队用 PET 扫描大脑显示,心理更健康的人大脑含有较少的与阿尔茨海默病相关的异常蛋白。那项研究提示低压力水平及心理健康可以保护大脑免患阿尔茨海默病。

为了保持大脑年轻和健康,尝试一下我推荐的这十个最佳减压策略:

1. 冥想

在西方,看见某人以莲花姿势端坐并诵唱着"呃……"还是不多见的,直到 1960 年代后期,当甲壳虫乐队遇到了玛哈上师并了解了超觉冥想,今天这个拥有 5000 年历史的练习才被推广开来。

冥想不仅可以缓解压力,也可改善情绪,它还能增强神经回路并提高注意力。最近的一项大脑 MRI 研究显示,每周仅两小时、持续八周的训练项目可以保护大脑海马的记忆中枢免于发生萎缩。同时,不同记忆脑区的神经连接(容易受到阿尔茨海默病类似的神经退行性改变影响)也得到改善。

冥想通过集中注意在一种声音、一幅图像或者一种运动上来增加意识和关注。在超觉冥想中,人们将注意力集中在一个单音节或词上,称为祷语;在正念冥想中,他们把注意力关注在感觉和呼吸上。

刚开始时,一些人会觉得让大脑安宁并冥想是一件很困难的事,但是通过不断练习,它会变得越来越容易。在开始训练时,将定时器设置为 5 分钟并尝试以下步骤:

• 盘腿坐在地上或者坐在舒适的椅子上。

- 闭上双眼,开始深而缓慢地呼吸。
- 关注你的呼吸,让身体放松。

如果你思绪游离了,只要简单地把你的注意力转回你的呼吸即可。

- 你可以选择将注意力集中在一句祷语上,取代关注呼吸。

当你的技术进步之后,可以把时间调得更长。

2. 瑜伽和太极

很多西方人觉得冥想会让他们坐立不安,他们更喜欢那些能包括躯体锻炼的减压技术。古老的瑜伽灵修把运动、姿态和呼吸训练整合起来,通过柔韧性和平衡感训练获得放松的反应。瑜伽不仅能缓解压力,还能改善抑郁、焦虑和慢性疼痛的症状。尽管瑜伽姿势看上去是静态的,但它能提供有氧和力量训练,提高大脑功能。瑜伽还可以通过降低炎症反应水平来保护大脑。

太极是中国的一项传统运动,可以促进放松和保持平衡感。很多太极的套路看上去就像武术的慢动作播放,而且它们也回避其他运动中的剧烈动作,那些动作会加重关节损伤。最近的研究提示,太极可以增强免疫功能,降低疲劳、疼痛、焦虑和抑郁的症状。

3. 运动

内啡肽水平的升高和心血管调节的抗炎效应可以快速降低应激水平,迅速改善情绪。养成一个运动的习惯,比如每天下班后去次健身房或者饭后散个步,是一种有效的压力管理技能。此外,随机性的锻炼,例如上几层楼梯或者在一个地方走几分钟正步,都可能为一天的紧张工作带来片刻的喘息。运动的生理作用可以缓解慢性疼痛。锻炼可以增强特定的肌群并且增加柔韧性,进而避免损伤造成的疼痛。

4. 减少一心多用

大脑需要外界刺激,我们被新技术带来的新奇和娱乐所吸引。

当今生活中有太多的新玩意和电子产品,很多人都容易一心多用。在开会的时候,我们可能会回短信,或者开车时用免提打电话。我们可以通过训练提高一心多用的技能,但是太多的一心多用会导致压力。尽管一心多用让我们觉得自己大脑的功能很强,但事实是,大脑不能同时执行多种任务。当我们一心多用时,我们实际上在快速地将注意力在一个任务和另一个任务之间转换。科学家发现,快速转换大脑注意力会增加完成每个任务的时间,并且产生更多的错误。

科技专家琳达·斯通首先描述了一种相关问题,持续性部分关注,指的是人们只用一部分注意力持续关注多个设备,等待下次兴奋性刺激的到来。一心多用和持续部分关注都可以导致大脑疲劳、分心和记忆损害。一段时间后,这些压力性心理状态会增加皮质醇水平,恶化记忆力和情绪。

辨识自己的一心多用是控制它的第一步。制定有规律的下线时间、关闭设备,这些都是减少它对你的影响的有用方法。还有,每天安排好固定的时间来回复邮件可以消除那种不停检查收件箱的冲动。

5. 减轻负担,开怀大笑

多数人在与人交往时乐于取悦他人——我们很难对别人说不。但是做出太多承诺会给我们自己带来很多不必要的压力。答应别人做一件小事很容易,但是许多小事加在一起就会导致压力和焦虑,因为你要随时关注诸多小事的所有细节,以及事情完成所需要的时间。

为了减轻负担,你可以将明天需要完成的任务和杂事列个清单,然后检查一下清单,试着选出一到两个可以跳过不做、委托他人或者延期执行的项目。这个过程可以立刻减轻压力,此外还可以在这个日程表中安排一个减压练习。

大笑可以立刻缓解紧张感,让我们觉得彼此之间更加亲近。一个有趣的笑话可以很快改善情绪,甚至可能为解脱困境提供新灵感。

笑的好处一部分来源于脑啡肽释放的增加及多个大脑记忆中枢血流的改善。重新看一部喜爱的肥皂剧所带来的欢笑，足以让我们摆脱紧张压力和情绪低落。研究提示，甚至是强迫自己大笑的行为都可以改善情绪。费尔雷迪肯森大学的查尔斯·谢弗博士发现，当他指导志愿者微笑或大笑一分钟之后，他们都确实体会到了情绪的释放。

6. 安宁的睡眠

我们都知道，良好的睡眠有利于大脑的健康，但是当我们逐渐变老，我们的睡眠需要就逐渐减少：20岁的人可能每晚至少需要8小时的睡眠，而70岁的人可能只需要6小时。不论你几岁，如果你有失眠或焦躁不安的睡眠现象，你可以尝试看看下面这些睡眠策略：

- 避免白天打瞌睡。打瞌睡可能会很舒服，但这可能会让你晚上躺在床上时没有睡意。要打破下午小憩的习惯，你可以尝试在那段时间里散散步或者做做运动，这样你晚上可以睡得更好。

- 控制晚上液体和咖啡因的摄入。晚上喝水多可能导致你半夜醒来上厕所。如果你对咖啡因敏感的话，那就要避免咖啡、茶、可乐甚至巧克力，这些东西可能因为含有咖啡因成分而使你睡不着。

- 创造舒适安静的环境。确保你的床、枕头、床单尽可能舒适。保持卧室安静、昏暗和凉爽。

- 晚上保持放松。有些人看了一场让人兴奋的电影或者比赛之后会很难平静下来，因此要避免睡前太多的精神刺激。

- 运用放松方法。深呼吸、想象、冥想或者任何可以让你放松的方法，帮助你进入睡眠。当你躺在床上，保持身体姿势放松和稳定。

- 训练大脑睡眠。以下的方法在我的好几个患者身上证明是有效的：每天固定时间上床睡觉，躺上床以后不要吃东西或者看电视。花一些时间让自己舒服和放松。如果你 20 分钟以后还没有睡着,爬起来,离开卧室,然后读本书、听听音乐,或者看看电视。当你感觉到累了,回到床上再试着睡睡看。如果 20 分钟之内你仍然无法入睡,那就再起来,离开房间。等你再感觉到有睡意了,再回去尝试入睡 20 分钟。你可能一晚上都一直在重复这个办法,但是记得第二天一定不要打瞌睡。通过坚持这种方法一天或者两天,很多人都能训练他们的大脑入睡。

自言自语可以缓解压力

绝大多数人都有自言自语的现象。开心的时候我们可能会自言自语,紧张的时候我们也会自言自语。大声跟自己说话被证明是可以降低压力水平,让自己放松。最近的研究提示,如果你以第三人的方式称呼自己的名字,那么你的自言自语能更有效地降低焦虑、增加自信。

下面是不同情况下有益的自言自语的例子:

- 在公众场合演讲:"记住眼神交流,盖瑞,陈述清楚。"
- 工作面试:"他们能请到雪莉是他们的福气。雪莉又有天分又有能力。"
- 运动比赛:"注意你的正手,苏珊。这是你打网球时最好的击球方式。"
- 求婚:"你知道她爱你,斯蒂夫。她肯定会同意嫁给你的。"

7. 学会整理

压力经常来自于不良的整理习惯和计划制定。杂乱无章会增加压力激素水平,损害记忆和大脑健康。然而,研究显示,即使是那些对囤积垃圾成癖的人也可以通过行为治疗取得进步。学会整理,减少杂物堆积,可以让我们的生活变得更有效率,更好地掌控生活。此外，我们也更容易找到东西。

即使我们尝试避免杂乱，各种杂物仍然会随着时间推移不断地累积起来，因此，养成定期整理的习惯是很有帮助的。开始的时候我们可以设定小目标，而不是一下子整理整个屋子。我们可以从一个抽屉，或者你常使用的地方开始。捐赠或者丢弃那些你不再需要的东西。很少使用的东西应该储存在固定地方。尝试每周安排一天时间来整理一个不同的地方，这将会降低你的压力，给你一种成就感。

养成每天制定计划的习惯，也能降低压力。每天早上简单地浏览一下记事本上的当天任务清单，对你会很有帮助，而且不用花费太多时间。

8. 针灸

中国的一种古老传统医学，将很细的针扎入全身某些特定的穴位，这种方法可以治疗很多躯体及心理疾病。针灸治疗有效的传统解释是基于这个理论：针刺可以释放"气"——身体内的能量沿着一些通道流动（所谓"经络"），让身体获得痊愈。西方专家们相信，针刺是刺激了某些神经末梢集中的区域，提升大脑的内啡肽水平，因此可以降低疼痛、减轻压力。

针灸治疗对于疼痛相关综合征和压力相关疾病（包括抑郁和焦虑）很有效。某些针灸师会通过轻微的电刺激或者加热来增强针灸的效果。那些害怕细针的人们可以考虑指压法，它是一种按摩治疗方法，刺激与针灸相同的穴位，只不过是用指压代替细针。

近期，运用功能 MRI 研究阿尔茨海默病患者使用针灸后大脑活动的结果显示：针灸增加大脑控制记忆和认知的脑区活动，提示它对改善这些认知功能有潜在的益处。

9. 乐观主义和人际关系

学会乐观地看待事情可以改善大脑功能。乐观主义者比悲观主义者压力水平低，躯体和心理问题少，精神状态好。积极乐观的想法还可以避免抑郁发生,而抑郁得不到有效的治疗会损害大脑健康。

科学家们已经发现在大脑的额叶和颞叶中存在控制多种正性情绪的区域。功能 MRI 研究也明确了乐观的人看见惊恐的面孔或者面对危险情景时,大脑这些区域发生的改变。这些研究均提示,乐观的人,其大脑的连接切实有助于他们更好地应对逆境。

认知训练可以帮助悲观主义者变得更为乐观,教会他们当事件触发负性情绪时他们应该如何正性地做出反应。学会变得外向,学会原谅,通过关注其优点来避免负性思维,保持积极的态度。社会心理学家艾米·卡迪和她的同事们还发现,正确的姿势和坚定的肢体语言能够增加自信心。

具有乐观想法和观点的人们往往更容易吸引其他乐观的人并保持联系。与支持自己的朋友和家庭成员保持有意义的人际关系,可以降低压力激素水平,减少焦虑,降低痴呆风险。说出我们的担忧,有助于他人从不同的角度看待问题。仅仅花 10 分钟与朋友一起进行具有启发性的对话,就可以增强认知功能。

10. 寻求帮助

很多人不愿意寻求帮助,因为他们害怕被拒绝或者让自己失望。研究者们发现,预设的被拒绝感会增加大脑的炎症反应,如果转为慢性炎症,就会损害记忆。尽管会有犹豫不决,但寻求帮助是大脑在进化过程中的一种本能——它为我们的祖先提供了一种生存优势。科学家已经发现大脑中"寻求帮助"的网络:杏仁核的情绪控制中枢和额叶的计划制定脑区。

如果你的紧张程度已影响到你每天的日常生活,建议你去和医生谈谈。多数情况下,药物治疗、心理治疗或者两者结合都有效,可以明显地改善症状和总体健康水平。

降低压力、保护大脑

- 可以尝试用冥想来降低压力,提高情绪。
- 每天有规律地运动以促进大脑循环,提高内啡肽水平。
- 减少一心多用以提高效率,减少分心,保持记忆功能。
- 尝试一些被证明有效的减压活动,例如瑜伽和太极。
- 多笑笑,以乐观的态度看待每天的烦恼。
- 掌握良好睡眠的方法。
- 学会整理,减少杂乱,获得更好的掌控感。
- 可以尝试用针灸来帮助降低疼痛和压力。
- 保持积极的态度和维持良好的社会关系。
- 学会寻求帮助。

第四章　大脑游戏使大脑更聪明

我的大脑？它在我最喜欢的器官中排第二位。

——伍迪·艾伦

巴里终于把最后两块拼图拼好，完成了这幅四匹马在草地上奔跑的图。他大声告诉妻子露蒂，他又完成了一幅图。

她在厨房里对他喊道："恭喜啊，亲爱的。现在我们可以一起去参加那个大脑训练项目了，我给我们俩都报名。"

巴里的那种成就感马上就消失了——每次露蒂把自己的兴趣强加给他时，他总是很恼火。去年他们俩都退休了，并决定继续做一些挑战他们大脑的事情——他们的医生说这样可以延缓记忆衰退和大脑老化。巴里对一起去旅行、一起参加交谊舞课程感兴趣，但是对那些电脑上的大脑游戏则兴趣寡淡。他知道这些游戏有助于他刺激大脑，但是那些游戏很无趣，没有挑战性。巴里更喜欢玩拼图和数独填字游戏。

周日，他们的儿子亚历克斯回来吃饭。在吃甜品时，露蒂提到了那个大脑游戏项目，亚历克斯很感兴趣。他在一家电子游戏设计公司工作,了解很多电脑的事情。巴里听他们讨论就觉得很烦,露蒂察觉到了他的不快。

"你爸爸根本就不去尝试那些游戏。"

"我试过了。"巴里回答道,"我就是不喜欢。"

亚历克斯拿着他的咖啡走到电脑前。"爸爸,登录一下,让我来看看。"

巴里嘟哝了几句,然后输入了密码:B-A-R-R-Y。

亚历克斯填入答案,把巴里没完成的配对游戏玩完了。"我知道了,爸爸。你没能在规定时间内完成答案,感觉很沮丧。"亚历克斯说。

巴里给了露蒂一个"我就知道"的表情。

"等一下,爸爸,你把游戏设定成高难度了。你应该从初级开始,然后一路玩下去。难怪你不喜欢这个游戏。"亚历克斯笑道。

亚历克斯把难度调低,然后很快就完成了游戏。巴里在亚历克斯身边坐下。他拿起鼠标,选择了一个连词游戏。这时屏幕上出现了一个部分填满的方框,还有 7 个字母用来拼写新的词语。

巴里拼了一个"brown",得到 12 分。然后电脑显示下一个方框,巴里又很快拼出,获得了 15 分。露蒂则开始清理盘子。

"我等下来帮你,亲爱的。"巴里说,继续在电脑上填写下一个词语。"我觉着也没那么糟糕……"

亚历克斯笑了,然后去帮妈妈洗碗。

巴里的问题在于他开始玩的大脑游戏超出了他的水平。他觉得很沮丧,因此也没了兴趣。我们的大脑喜欢迎接挑战,但是如果一个任务难度太高,我们就会放弃,并转做其他事情。同样,如果一个游戏过分简单,我们也会很快厌倦。

对工作记忆和智力的研究显示,并不是每个人都能通过大脑游戏获益。当志愿者被要求玩一个很难的游戏时,他们的认知评分并不会提高。然而,如果他们玩的游戏刚好适合他们的游戏水平,那么他们的记忆和智力分数就会提高。

大多数的早晨我都会玩一会儿报纸上的填字游戏。我知道每周一的填字游戏都是最简单的,之后的游戏会越来越难。很多年后我终于发现自己是一个"周二到周四"填字游戏玩家。我通常都觉得周一的游戏太简单,而周五的太难。

想知道一个大脑游戏如何从简单到困难,下面就有两个很流行的游戏为例,测试语言流畅性或找词能力。

初级:

设定时间 2 分钟,然后使用以下这些字母,写下尽量多的词语,至少使用 3 个以上字母。每个字母在每个词中只能使用一次。

E S M T A

我 2 分钟内想出了 17 个词语。如果给我更多时间,我可以想到 25 个词语。(答案见本章末。)

中级:

现在你已经明白词语流畅游戏技巧了,看看你能不能更进一步。设定时间 3 分钟,但是这次使用以下 7 个字母,写下尽量多的词语,至少使用 3 个字母。

A E I O R A M

这个练习训练你大脑的逻辑和语言区域。额叶让你看到规律,这样方便组词。或许你会先尝试"A"开头的词语越多越好,然后尝试"E"开头的字母。不要不停地看计时器,这会激活杏仁核的情绪中枢,产生焦虑让你分心。

以下还有几种方法让这个练习难度增加,例如替换成不常用的字母,如"X"或者"Z",减少规定时间,或者改变每个词语必须使用的字母数量。

为大脑塑形的认知训练

我们都知道躯体锻炼能保持身体强壮。现在科学证据提示认知训练可以保持大脑年轻。事实上,任何可以激活大脑的活动,都可以激发神经元回路——绘画、阅读、旅行、猜谜、语言学习、上网搜索,以及其他——能够增强你的认知功能。

研究显示,大学毕业生比没有大学学历的人患阿尔茨海默病的风险更低。一些专家相信,这是因为某些人遗传了"聪明的基因"让他们得以考上大学,而且他们的神经元对抗老化的能力更强。但是我们若想要以激发活动保持大脑年轻,并不需要大学学历。

研究显示,我们可以通过认知训练来让大脑更加强壮。据科学家观察,在激励环境下(布满迷宫、玩具及其他东西的笼子,可提高小鼠精神兴奋性)成长的实验动物们,比标准笼子里饲养的小鼠拥有更好的认知功能——它们比对照组更快地找到迷宫尽头的芝士。它们大脑的海马记忆中枢体积更大,而更大的大脑就是更健康的大脑。

所有这些研究发现促进了一项全新健身产业的兴起和发展:大脑训练。现在的人们不再只是待在健身中心对着跑步机或哑铃挥汗如雨地锻炼,不同年龄段的人们会到当地的大脑健身中心训练自己的神经元回路,或者在家玩各种大脑游戏、拼图游戏、电脑训练,或者上网做认知有氧操,以对抗大脑僵化或健忘。最近大脑健身与电子媒体设备同步飞速发展,让我们可以通过硬盘或在线玩任何游戏。

太多科技(科技控)

对这些小玩意的过多痴迷也可能会带来麻烦。因为一心多用可导致注意力分散,另外多种设备间切换所引起的压力可能会妨碍我们的大脑功能和记忆能力(参见第三章)。尽管新技术为我们提供了很多训练大脑的机会,但很多人都会过度使用设备。我们的 UCLA 研究团队已经开始着手研究科技对大脑的影响,一部分原因是儿童和青少年花在屏幕上的时间与行为问题之间的关联。看电视太多,或者花太长时间玩电子游戏,与注意缺陷、注意缺陷多动障碍(ADHD)的症状以及学习成绩差相关。我们仍然不确定是否是接触屏幕时间较长导致的这些问题——一些专家主张,比较严重的 ADHD 儿童只是刚好更喜欢看电视而已。但是即使接触屏幕时间不是导致 ADHD 症状的原因,它也会促使这些症状恶化。

当我儿子还是青少年时,我记得自己曾经担心他玩电子游戏可能对他的大脑发展产生不良影响。一个周六下午,我发现他连续两个小时在玩一个"幻想—动作"类游戏。这个游戏愚蠢的噪音和音乐一直骚扰我,我终于忍不住大喊:"哈里,不要再玩游戏了。现在就给我下楼来,跟我一起看电视!"

刚说完这句话,我就意识到自己说的话有多荒谬,但是我认为跟老爸一起看一个公共电视节目,会比一遍又一遍玩同一个游戏对他的大脑发展更好。我没有意识到的是,哈里在玩的是一个在线游戏,他和朋友们一直在保持对话——这种社交互动本身就很可能会对大脑有利。

尽管我的一些担心是有道理的,但不是所有大脑游戏都设计成一样。我们现在知道,某些线上或电脑游戏可以切实地改善记忆力,增加解决问题的能力,甚至让我们变聪明。

提高智商的大脑游戏

最近的研究显示,某些游戏可以训练一种短期记忆能力,对解决问题很关键,是我们所说的智力商数(智商,IQ)的一部分。神经心理学家用几种标准测试中的一种来测评 IQ，测试包括斯坦福-比萘（Stanford-Binet）测试，或韦氏成人智力量表（WAIS）。获得 IQ 100 分的人被认为是普通人——在这些标准化测试中，大约 95％ 的人得分在 70 至 130 之间。

早期对双生子的研究显示，同卵双生子比异卵双生子更可能获得类似的 IQ 分数。这些结果让很多专家认为 IQ 在很大程度上是遗传基因决定的，是一项相对稳定的大脑功能。人们普遍认为，大多数人天生就处在平均、高于平均或者低于平均的智商水平，他们的 IQ 一辈子基本保持稳定。这种认为 IQ 是固定的假说已经被人们质疑，一系列研究显示，基本的记忆训练可以提高 IQ 分数。

尽管个人的 IQ 从某种程度上来说来自于遗传，但生活中的环境和经历，尤其是早年生活，都会影响 IQ 分数。例如，母乳喂养和童年的音乐培训都与较高的 IQ 有关。

智力可以被定义为一系列心理功能组成，包括注意力、逻辑、视空间技能，以及语言能力——所有这些认知能力都可以用笔纸完成测试。较高的 IQ 测试成绩与更高的学术及专业成就相关。然而，情商（EQ），或者我们理解情绪影响思维的能力，也能指导我们的行为，并且与智商（IQ）一样对成功很重要。

IQ 测试认知智力，有两个主要部分：晶体智力和流体智力。我们从学习中获得的知识被定义为晶体智力。因为随着年龄增长，我们会不断习得新的信息，晶体智力也会随着年龄增长而提高。流体智力，与此相反，帮助我们解决问题和理解抽象概念。

苏珊娜·耶吉博士、托克尔·克林伯格博士及其他科学家研究了大脑训练对记忆和智力的影响。他们发现，玩某些特定的计算机游戏可以提高注意力和工作记忆，这就会形成较高的流体智力。工作记忆是一种短期记忆，让我们短期内可以整理和掌握新信息。这类记忆力在我们脑中短时地保存信息,让我们可以拨打刚刚听到的电话号码,或者解决简单的数学问题。

 IQ 测试问题举例
IQ 测试问题用以评估不同的语言、视觉以及逻辑技能。尝试回答以下举例问题。(答案见本章尾。)

1. 重新安排以下四个字母,组成一个词语,只能归类于以下三个类别之一。

SWPA

A. 植物   B. 工具   C. 昆虫

2. 从以下词语中选择两个,意思最接近。

Over climb low near above far

A. low and near   B. near and far

C. over and climb   D. over and above

3. 选择正确的图像,完成序列—A,B 或 C

                              A   B   C

   ___

     耶吉博士的团队发现,初中学生在玩过一种大脑训练的电子游戏之后,工作记忆和注意力都有所进步,他们的流体智力分数显著提高。这种电子游戏基于一种很有名的、有关注意力的卡片匹配游戏的原理,学生们只需要每周 5 天、每天 20 分钟玩这个游戏,就能提高他们的 IQ 分数。

     通过训练工作记忆,流体智力也会提高。这是有道理的,因为解决问题需要我们使用工作记忆,需要把很多信息保留在脑中,并保留足够长的时间来解决问题。这种有用的技能也能帮助我们驾驭生活中的挑战。当我们可以良好地整理和运用信息时，我们能够制定计划如安排约会，以及考虑赴约所需要携带的东西。其他研究指出，不仅儿童可以从大脑游戏中提高工作记忆和智力，大学生、中年人和老年人也能从中获得相同的益处。

这些提高记忆的配对游戏是基于一种称为 N-back 的测试，这种工具考验被测试者对近期听见的声音或看见的图像的回忆能力。N-back 测试可能会让你回忆一种声音来源的位置，或者刚刚看过的一种颜色（1 次回顾），前一次（2 次回顾），或者再前一次（3 次回顾），以此类推。

为了获得更强的大脑，你可以尝试双重 N-back 任务，让你同时记住一个声音和一幅图像。你可以通过访问 www. brainworkshop. sourceforge. net 或者 www. soakyourhead. com 来了解这些游戏。你也可以通过手机上网搜索关键词"IQ boost"找到免费手机版双重 N-back 游戏的 APP 程序。如果你打算减少使用电脑时间，你可以通过简单的桌面卡片游戏来提高你的工作记忆和 IQ。

✛✛✛✛✛✛✛✛✛✛✛✛✛✛✛✛✛✛✛✛✛✛✛✛✛✛✛✛✛✛✛✛✛✛✛✛✛✛

注意力卡片游戏（N-back）

洗四张牌，牌面向上，集中注意力记住其中某一张牌。将牌翻过去背面朝上，让自己分心 20 秒，然后翻开你想记住的那张牌，确定它的位置正确。逐渐提高你的注意力，尝试记住两张牌的位置，然后三张，以此类推，直到你能完成基本的 4 牌记忆任务。之后增加至 6 张牌，然后 8 张牌。

一旦你的注意力和工作记忆通过第一个游戏得到提高之后，尝试一种集中注意力的经典游戏：从桌上拿走 4 对牌（如，两个 A，两个 7，以此类推）。打乱这 8 张牌，然后牌面朝下放两排。每次翻两张牌,看你是不是能幸运地获得匹配。如果对了,那就把那两张牌拿走继续玩。如果不对,就试着记住这些牌的位置,然后把牌翻回去。再次翻开一张不同的牌,看看是不是和你之前翻开的两张中的一张牌配对。如果对,那就拿走匹配的这对牌——如果你还能记住第一张牌的位置。如果不对,就再翻开一张牌,看看是不是幸运地配对。再次重复,如果你得到一对,就把这两张牌拿走,继续玩。当你可以完成 8 张牌的配对游戏之后,继续玩 10 张、12 张甚至更多,逐渐提高你的记忆力。在你还没有意识到之前,你的工作记忆和解决问题的能力就会明显提高。

交替大脑训练

对右利手的人来说,大脑的左半球,或者叫左侧大脑,通常控制语言和逻辑技能。词语游戏有助于提高左侧半球功能,右侧半球用来控制视觉技能和方向感,迷宫及拼图游戏可以提高右侧半球功能。

大脑喜欢多样化的事物,因此交叉训练,或者给大脑不同类型的练习模式,将会使得大脑有氧训练变得更加有趣。简单的就是用非惯用手刷牙,这很有趣,因为它让事情有变化了。我们的大脑通常都对新的、不同的事情感到很好奇。电视重播和昨日的头条新闻很无趣,但是新信息能抓住我们的眼球、给大脑神经元带来快乐。即使某些事情并不是全新的,但只要与我们以往体验的有一点点不同,也能让我们的大脑喜欢。

神经科学家认为,易被新奇和变化的事情吸引是大脑的本性。陌生的刺激和新的精神挑战能激活大脑的"网状结构"区域,它位于大脑的后部,与脊髓连接。这个"寻找新奇"的区域最初得以发展和进化的原因,可能是因为迅速注意到不熟悉的景象和声音可以提高祖先发现捕食者的能力——这种适应性优势能让他们快速发现攻击者。

我在研发"两周重塑年轻大脑"这个大脑训练项目时,考虑到了大脑喜欢变化而不喜重复的特性。与其让你多次重复同一种大脑训练,我希望你能尝试交替大脑训练,正如你健身时做的交替锻炼一样。很多健身教练都认为混合锻炼或者整合多种不同的锻炼,对你的身体最好。例如,结合有氧运动和负重训练能比单一训练获得更好的锻炼效果。

在做大脑训练的时候,交替左右侧大脑训练是个好办法。根据你在玩的大脑游戏,或者你想激发的心智技能,有可能激发负责某种特别功能的两个或者更多完全不同的脑区。

当我早上在做报纸上的填字游戏时,我喜欢交替不同的游戏来练习不同的脑区。我可能会先玩数字解谜游戏,例如数独或者算独,然后转到词语解谜,例如填字游戏或者混词游戏。这种方法让我的早晨变得更为有趣。

尝试以下两种解谜游戏,注意当你转换大脑任务、激活不同脑区时的不同感觉。从数独游戏开始,它能激活你左侧大脑的数学功能和右侧大脑的视空间技能。假如你从没有玩过数独,那游戏规则就是完成一个 9×9 的格子,每个格子再分为 9 个格子、3×3 格式。有些小方块格子里已经有数字了。试着填满剩余的格子,每一行、每一列以及 3×3 的盒子里包含 1—9 的数字,不能重复。数独的难度级别取决于在九宫格内预先填好的数字多少,以及填写的位置。预先填好的数字越少,难度越高。尝试下面这个初级版的数独游戏。(答案见本章末。)

如果你第一次玩数独,那么你可能需要一点时间才能上手,但是通过练习,你可能会找到应对这些解谜游戏的方法。你可以先关注每行内、每列内以及每个 3×3 盒子内的 1—9 数字。你甚至可以使用铅笔写下可能的答案。当你不再需要铅笔帮忙的时候,你的工作记忆就能帮助你短期记住多种的数字选择。当你的技能不断提高之后,你可以增加难度级别来保持大脑活动。

数独游戏

	2	7	3	8		5		6
4		5			6	8		1
1		8	4				3	7
3	7	2	1	4		6		
		4		9				2
6		9	5		7	4	8	
8	4		7	6		2		9
2					9			4
	9	6	2	1				8

现在转换频道,通过下一个混词游戏来激活你的神经元。它能训练你的额叶语言中枢以及皮层的其他区域,帮助你进行信息的分类。

混词游戏

请快速将下面 8 个单词的字母排序,使其成为有意义的单词。然后连线将单词配对,这个连线说不定是提醒你吃饭的时间。

lepap kfro Krecor tinsec

nlsuite tiruf ihrca yluebtrfly

当神经元开始交流，认知就变强了

专注的大脑训练可以刺激特别的脑区，但是大多数认知训练需要不同脑区同时互动，这种大脑交互现象能增强神经元阵列。在我们 UCLA 的研究中，我们经常会让志愿者学习和记忆词语序列。这种大脑任务专门针对额叶的语言区以及颞叶的海马记忆中枢，但是其他脑区也有涉及。不同类型的感觉输入激活不同的脑区：当你读到一个词语时，你大脑后部的视皮层引发信号至你额叶的语言区；当你听到一个词语时，你的颞叶听觉中枢将会把信息传到额叶（参见以下的图表解释）。

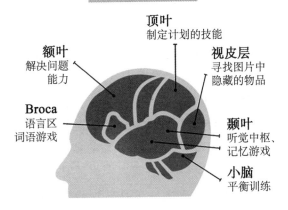

大脑神经中枢

顶叶
制定计划的技能

额叶
解决问题
能力

视皮层
寻找图片中
隐藏的物品

Broca
语言区
词语游戏

颞叶
听觉中枢、
记忆游戏

小脑
平衡训练

当信息在大脑网络中传递时，它就在训练你的神经元，神经回路变得更强更大。从左右大脑中间延展、分隔左右大脑的区域叫做胼胝体。丰满又健康的胼胝体意味着左侧和右侧大脑能够有效地交流。

在大多数右利手的人中，右侧大脑是视觉和情感半球，而左侧大脑更多是分析和语言半球。左利手则相反。如果胼胝体正常工作，分析和语言的左侧大脑功能例如推理逻辑、语言、书写和阅读就能与右侧大脑功能（例如看地图、欣赏音乐、辨认脸孔以及理解深度、幽默和情感）保持同步。

胼胝体研究显示，对智力而言，胼胝体就是越大越好：胼胝体越丰满，你的智力越高。爱因斯坦的大脑中联结左右半球的胼胝体尤其丰满，让他得以拥有很高的想象力和掌控空间信息的能力。

其他研究显示，通过重复的训练，我们可以提高多种大脑功能，并且可以观察到控制这些功能的脑区发生的相应变化。科学家们已经发现，在伦敦，具有 20 年驾驶经验的老出租车司机的右侧海马比新手司机明显增大。经过几十年的驾驶，老司机的右侧大脑阅读地图的能力和海马记忆中枢变得更大更有效。

尽管这些技能的提高和大脑体积的增大是一种任务练习的特定结果，但是它们可以转化成其他相关的任务。我们会期待那些有经验的英国司机在解决拼图游戏——一种既是视空间挑战同时也需要短期记忆的游戏——时一样能表现出色。一些大脑活动，例如学习演奏一种乐器，能刺激多个脑区从而使认知功能获益。有经验的音乐家，弹奏乐器时间越长，他们的学业成就就越好。广泛的音乐训练能增加大脑中控制运动和听觉脑区域灰质的容量。

如果音乐不是你的菜，那么你可以考虑学习一门外语以鼓励你的脑细胞增加相互交流并变大。学习一种新语言能增加海马的体积。研究显示会说两种语言的人发展成阿尔茨海默病的可能性比会单一语言者更低。转换于两种或者更多种语言之间，尤其是将一种语言翻译成另一种语言，能够锻炼大脑的神经环路。

上网训练大脑

很多人现在上网花的时间比看电视还多，而上网搜索的那段时间可以训练大脑。仅仅是上网搜索一家新饭店的地址，就能激活你的大脑环路。

我们的科学研究团队研究了网上搜索时人脑发生的变化。我们研究那些从未接触过网络的人获得一点网络搜索经验之后，大脑所产生的变化。我们招募了十多个从未上网搜索的老年人，将他们与另外一组年龄与教育程度匹配的经常上网的老年人做对比，观察头部 fMRI 扫描结果。我们测评了两组人在进行网络搜索之后大脑的活动情况，然后与两组志愿者在读书时的大脑活动特征进行比较。

与从未使用网络的人相比，那些经常使用网络进行搜索的人，上网时的大脑神经元活动明显增强。然而，读一本书对两组人的大脑都只产生了相对微弱的激活。我们还发现，从未使用网络的人们在学会一些上网搜索技能之后，大脑活动产生了实质的变化。在每天练习一小时，坚持一周之后，从未使用网络的志愿者们在上网时，额叶神经元活动显著增加。这些增加的活动在决策和短期记忆的脑区比较明显。

当人们上网搜索时，他们会本能地根据他们吸收新信息的习惯调整他们的搜索节奏。一些人喜欢快速浏览页面，在搜索时快速向前或向后翻页。另一些人喜欢用更慢的节奏浏览，每次在一个网页内更深度地探索某些特别的信息。不论哪种搜索方式，只要坚持练习并且能更熟练地搜索网络信息，我们可以预期见到神经活动的减少。这可能就是为什么志愿者在读一本书时，其大脑显示出较少的神经元活动。阅读这项大脑活动，大多数人都掌握得很好。大脑的有效阅读技巧使其消耗的大脑能量比搜索网络来得少（见下图—深灰区域显示任务中大脑活动的区域）。

大脑活动

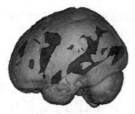 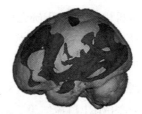

你的大脑在看书时　　　　你的大脑在使用谷歌搜索时

训练一心多用的技能

由于认知训练与较低痴呆风险的关系已经明确,网上出现了无数个大脑游戏网站,尽管很多这类游戏很好玩,但并不是所有的游戏都能极大地改善你的常用认知能力。当然,如果你在某个游戏上花费足够长的时间,你的分数会越来越高,但是你仍然可能会忘记网络密码,或者忘记平板电脑和手机放在哪里。如果你的目标是改善大脑功能,那重要的是找到能够让你真正获益的游戏。

网络上一些大脑游戏已经被系统测试过了,并且有几个已经被证明能有效提高某些认知功能。我们 UCLA 的同事最近发现,每天玩一个半小时程序化的 Dakim Brain Fitness 游戏的老年人,记忆能力在数月后都提高了。并且,他们玩得越久,记忆分数就越高。

应该记住的是,电脑、手机以及其他电子产品容易让我们分心,诱惑我们一心多用。尽管一心多用能让我们感觉更有效率,但研究显示,反复地在不同任务中切换注意力,实际上更浪费时间,并且会增加错误概率。

尽管一心多用引起分心及效率低下,最近的研究显示,某些类型的电子游戏能帮助我们增强一心多用的能力,减少犯错的机会。亚当·格萨里博士和他在加州大学旧金山分校的同事们,让志愿者玩一个电子游戏,在一条有风并且设置了很多让人分心的交通标志的路上驾驶一辆模拟汽车。为了让车能够跑在正确的车道上,玩家必须认清突然出现的交通标志,并忽略其他无关的标志。科学家用脑扫描观察志愿者在大脑游戏训练前后的一心多用技能,发现年龄在64—80之间的老人通过游戏训练,一心多用、集中注意的能力可以与未训练的二十多岁的年轻人达到同等水平。

人们玩的游戏

流行的脑游戏训练

查看以下这些游戏,看看你已经在玩哪一些,以了解它们训练了哪些大脑技能。

视空间
- ☐ 迷宫
- ☐ 拼图
- ☐ 动作类电子游戏

解决问题
- ☐ 棋类
- ☐ 数字游戏
  如数独或算独
- ☐ 猜谜和逻辑游戏

语言
- ☐ 填字游戏
- ☐ 拼字游戏
- ☐ 混搭字母游戏

记忆和注意力
- ☐ 配对游戏
- ☐ 纸牌游戏,如 gin 或 fish
- ☐ 打破砂锅问到底

目前很多人已经在玩的流行游戏,实际上是训练某些大脑技能,能提高每天完成任务的能力。例如,一种语言技能游戏(如拼字游戏),可以在你安排字词排列位置时改善执行功能;而玩一种视空间游戏,让你把不同的物件放进狭小的空间,可以教会你旅行时更好的打包技巧。为了保持大脑年轻,我们应当努力去玩各种不同的游戏,针对不同的大脑技能。

大脑游戏:现在开始

"两周重塑年轻大脑"项目向你介绍大脑游戏和练习,它们能激活大脑的神经环路并且提高大脑活动技能。当你逐渐掌握这些技能后,你会发现一些游戏变得更容易了,这样你就要逐渐增加挑战难度。以下是一些大脑游戏的例子,它们可以增强多种认知功能,保持你的大脑聪慧。(其他游戏网站,参见本书附录。)

 初学者练习

热身:任何你熟悉的、使用惯用手(右利手的人用右手)的任务,当你转换成非惯用手之后,都会变成一种挑战。右利手者,试着用左手正楷书写你的名字。当你用正楷写完姓和名以后,试着用草书连笔书写。

1. 右脑练习:数方块——数下图中方块的数量。提示:确保数了所有大方块中的小方块。

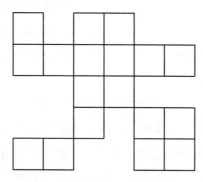

2. 左脑练习：改变词语——从单词 WALL 开始，每次改变一个字母，直到你获得词语 FIRM。每次改变必须是一个合适的词语。

W　A　L　L

—　—　—　—

—　—　—　—

—　—　—　—

F　I　R　M

3. 右脑练习：牙签改数字——挪动以下三根牙签形成数字 9。（不允许折断或弯曲牙签。）

4. 左脑练习：字母拼词♯1——用以下字母尝试拼写词语，越多越好。每个字母在每个词语中只能使用一次。

I　R　N　A　B

5. 右脑练习：拼图大脑游戏——让你的右脑活动起来。哪个残片能拼进大图里？

A　　　　B　　　　C　　　　D

6. 全脑练习：词语分类——大脑会自然地把信息分类，以利于有效记忆。记住两种水果和两种蔬菜比四个无关物体更容易。把以下九样物品分成三类来训练你的分类能力。

鸡　　钳子　　杂志

扳手　　小说　　酸奶

档案　　三文鱼　　老虎钳

 中级练习

既然已经让你的神经回路热身了，让我们进一步来挑战下一级别。

1. 右脑练习：视觉连接——这是另一种大脑训练，用来增强右脑视空间技能和额叶在两个认知任务中切换注意力的功能。在以下图片中，画一条连续的线，从1到字母A，然后A到2，然后2到B，然后B到3，以此类推，直到所有字母和数字都连完。如果你做对了，给自己一个星。

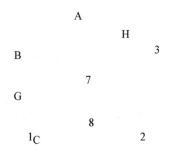

2. 左脑练习：找到颜色——重新安排字母顺序，找到四种颜色。提示：只有一种是原色。

RAIGET　　ENOLYL　　OVGOEN　　LEWRE

3. 右脑练习：画直线——看看你能否画 4 根直线,穿过下面所有 8 个点。每条线只能穿过每个点一次,而且当你画线时,笔不能离开纸张。提示：展开发散思维,不要用常规的思路来连接这些点。

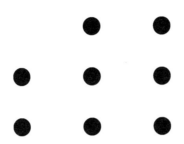

4. 左脑练习：字母拼词♯2——用以下字母拼写词语,使用以下三个或以上的字母,拼写越多越好。每个字母在每个词语中只能使用一次。

I M R O A E

5. 右脑练习：拼图大脑游戏——你的右脑需要更多一点任务了。哪个残片可以填入图形中?

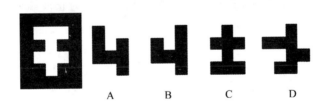

A   B   C   D

6. 左脑练习：谚语——以下这句谚语中的所有元音字母都被移除了,而剩下的字母被分成了三个或四个字母一组。试着补上元音,重建这句谚语。

TWH   DSRB   TTRT   HNN

高级练习

你现在已经做了充分热身,开始使用整个大脑(左脑半球和右脑半球)来试着解决这些难题。

1. 字母拼词♯3——尝试用以下这些字母来拼词(至少使用两个或以上字母),越多越好。

O G E U N R Y

附加题——本次的 7 字母拼词和字母拼词♯1 中的一个 5 字母拼词会提示一本你正在读的书。

2. 假想国——一个大国出现了人口超额的问题。由于社会经济原因,家庭都更喜欢男孩儿,大多数家庭会一直生孩子,直到生出一个男婴。如果我们假设男女出生比例相同,那么 10 代人之后,男孩和女孩的比例会是多少?

3. 视觉连接♯2——在下图中,画一条连续的线,连接第一个奇数 1 到第一个字母 A,然后到 3(下一个奇数),然后下一个字母 B,然后 5 到 C,以此类推,直到你再也找不到下一个为止。如果你做对了,你会看到一个有意思的图形。

4. 次序辨认——看看你能不能看出以下不完整的序列,加四根线来完成这个序列。

5. 剔除一个——保持你的分类技能在最高水平。找出以下词语中与其他词语不属于同一类的那个词。首先你要重新拼写每个词语来确定词语的主要分类。

ANTK   PJEE   XITA   UNBMARIES   BREOBM

6. 挑剔的弗兰克——弗兰克有着很奇怪的品味。他是一个足球迷,但是讨厌英式橄榄球。他非常喜欢啤酒,但是讨厌麦芽酒。他开着一辆法拉利,但是不喜欢兰博基尼。根据弗兰克的古怪品味,他会喜欢滑雪还是自行车?

7. 序列辨认♯2——以下是另一个序列,包括语言技能、视觉技能,以及涉及模式辨认的推理能力。找找看以下哪块能完成这个序列?

ILK	HERE	GAP
FINE	ELF	DINE
CON	BAIL	

APT	ALPS	COIL
A	B	C

DIN	NAIL	IRK
D	E	F

最优化大脑游戏体验

- 大脑练习应该是有挑战性而且有趣的,这样才能保持你玩足够长的时间。
  - ➤ 如果一个游戏太难了,就降级玩简单一点的。
  - ➤ 如果一个游戏变得太容易了,那就增加难度到下一个级别,或者换一个游戏。
- 网络搜索和冲浪可以训练你的神经回路。
- 你的大脑喜欢变化,所以尝试不同的大脑练习,让大脑的两个半球和不同区域都得到锻炼。
- 尝试用游戏来提高特定大脑功能,包括一心多用和流体智力。

游戏答案:

游戏和猜谜填字游戏答案

71 页:初级

EAT, EAST, EATS

SAME, SATE, SEAM, SEAT

MAS, MAT, MATE, MAST, MASTE, MATES, MET, MEAT, MEATS,

META, METAS

TAM, TAME, TAMES, TASE, TEA, TEAS

ATE

71 页:中级

AERO, ARE, ARM, AIM, ARE, ARM

ERA, IRE

ORE

RAM, RIM RIME, REAM, ROAM

MAR, MARE, MER, MIRA, MIRE, MORA, MORE, MORAE

75 页：IQ 测试问题举例

1. C（WASP）

2. D

3. B

79 页：数独游戏

9	2	7	3	8	1	5	4	6
4	3	5	9	7	6	8	2	1
1	6	8	4	5	2	9	3	7
3	7	2	1	4	8	6	9	5
5	8	4	6	9	3	1	7	2
6	1	9	5	2	7	4	8	3
8	4	3	7	6	5	2	1	9
2	5	1	8	3	9	7	6	4
7	9	6	2	1	4	3	5	8

79 页：混词游戏

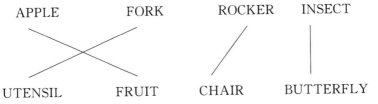

APPLE　　　　FORK　　　　ROCKER　　INSECT

UTENSIL　　FRUIT　　　CHAIR　　　BUTTERFLY

85 页：初学者练习

1. 数方块

我数出 21 个方块。

2. 改变词语

WALL，WILL，FILL，FILM，FIRM.

3. 牙签改数字

4. 字母拼词♯1

I，IN

RA，RAN，RIB RAIN

NA，NAN，NAB

A，AN，AIR

BA，BAN，BAR，BIN，BARN，BRAN，BRAIN

5. 拼图大脑游戏

B

6. 词语分类

工具（pliers，wrench，vice）；阅读（magazine，novel，biography）；食用品（chicken，yogurt，salmon）

87页：中级练习

1. 视觉连接

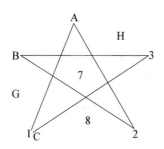

2. 找到颜色

GREEN（绿），ORANGE（橘色），VIOLET（紫罗兰色），

YELLOW（黄）

　　3. 画直线

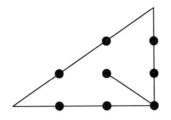

　　4. 字母拼词♯2

我可以拼出下面几个单词。

你可能会拼出更多的。

IRE

MAR，MARE，MIRE，MORE

RAM，REAM，RIM，RIME，ROAM，OAR，ORE

ARM，ARMOR

EAR

　　5. 拼图大脑游戏

C

　　6. 谚语

Two heads are better than one.（三个臭皮匠顶个诸葛亮。）

88 页：高级练习

　　1. 字母拼词♯3

ON，OR，OY，ONE ORE，ORG，ONER

GO，　GEN，　GUN，　GUY，　GYN，　GONE，　GORE，

GREY，GONER

EON

UN

NU, NUG

RUE, RUN, RUG, RUNG, ROUGE

YO, YON, YOU, YOUNG, YOUNGER

附加题：

7 个字母组成的单词是 YOUNGER，5 个字母组成的单词是 BRAIN。

2. 假想国

男孩和女孩的比例仍旧是 50：50。即使所有的家庭都遵守第一个孩子是男孩就不能再生的政策，男孩和女孩的比例还是一样的。

3. 视觉连接♯2

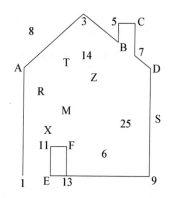

4. 次序辨认

此题目中图形是上下颠倒的大写英文字母 T－Z。

5. 剔除一个

正确答案是 XITA（TAXI），因为所有其他的整理好的单词都是军事设备：TANK(坦克)，JEEP(吉普)，SUBMARINE(潜水艇)，BOMBER(轰炸机)。

6.挑剔的弗兰克

弗兰克会选择 Skiing(滑雪)，因为他喜欢有重叠字母的单词。

7.序列辨认♯2

答案选 A，因为单词 Apt 以字母 A 开头。此题每一排三个单词的第一个字母是倒过来的 26 个字母排序。比如第一排的三个单词 ILK、HERE 及 GAP，每个单词的第一个字母是"I""H""G"，26 个英文字母正常排序是 G、H、I。

第五章　有利于思考的食物

我来自一个将卤汁当饮料的家庭。

——厄玛·庞贝克

我仍然清晰地记得小时候家里的晚餐。父亲通常6点下班到家，我先喂好狗，洗好手和妹妹一起坐在我们惯常坐的位置。我们每一餐的前菜都是沙拉配千岛酱——我从不知道那一千个岛到底在哪里。

我们的主菜取决于今天是周几。周一是鱼柳，周二是汉堡，周三是烤鸡，周四是羊排，以此类推。我每个星期最盼望的是周日，因为有我最爱吃的热狗和豆子。

母亲准备的配菜从豆类到炸薯条各不相同，如果今天吃炸薯条，那么餐桌上必定会有一场激烈的夺食大战，因为每个小孩都希望自己吃到的薯条最多。番茄酱是我最爱的调味品，我会把番茄酱涂到所有的菜上。

我之所以能把每天的晚餐记得那么清楚，是因为母亲为我们建立了一种日常习惯，我们熟知每天晚上吃什么。我们也因此有了自己的营养习惯——有些食物很好,而有些则很一般。

　　长大以后,我了解到什么才是合理的营养膳食,我更正了很多既往的家庭饮食习惯。大多数情况下,我仍然会将蛋白质和碳水化合物放在一起吃,但是我对食物的选择变了。虽然母亲一周中有一顿晚饭吃鱼是正确的,但炸鱼柳对改进大脑健康并没有什么好处。煎三文鱼倒是一个更加健康的替代。如果我们采用蒸或烤而不是用黄油炒蔬菜的话,我们家里人的健康状况会更好。炸薯条呢? 其实偶尔适量吃一次并不会带来太多坏处,但糙米是更好的替代品。

　　等我长大以后,人们已经意识到了营养对身体健康的重要性。杰克·勒兰告诉我们,不要吃加工食物,应该补充维他命,我们知道了合理的膳食营养可以使得肌肉健壮,增加免疫力,还可以预防肥胖症和与年龄相关的疾病,例如高血压、心脏病和糖尿病。然而在我小的时候,人们很少了解食物对大脑健康的重要性。我们现在已经了解,对身体好的食物对我们的大脑也有好处,所以在谈到认知过程时,"吃什么像什么"也确实如此。

改变大脑的饮食习惯

　　保持大脑年轻的状态,通常需要我们改变自小养成的饮食习惯。我们倾向于挑选伴随我们成长的那些传统的、熟悉的、吃起来舒服的食物,所以调整饮食习惯的开始阶段是具有挑战性的,但逐步练习就会越来越容易。

　　神经科学家研究了人们为拒绝一块美味的蛋糕而选择新鲜水果时内心挣扎的大脑活动情况。加州理工学院的科学家新德里·哈奇森(Cendri Hutcherson)和他的同事使用脑功能性磁共振成像扫描以发现哪些神经回路鼓励自我调节,哪些神经回路破坏这些调节。

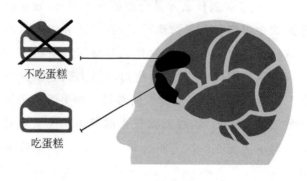

科学家发现,屈服诱惑还是抵抗诱惑,取决于前额叶皮质——脑部的决策调控中心。当我们选择蛋糕时,就是腹内侧前额叶皮质在发挥作用。但是当我们拒绝高脂肪高糖的蛋糕时,则是前额叶背侧(靠近太阳穴)在发挥作用,它让我们意识到健康的价值高于口感,斗争取得了胜利!

大脑中的食物斗争

当我们被困于既往不健康的饮食习惯时,想要抗拒腹内侧皮层不断发出的重复祷语"吃蛋糕吧,吃蛋糕吧"是很困难的。但是一旦有点意识和自我约束能力,我们就可以改变旧有的习惯,调整我们的大脑神经回路,并使其能够适应新的健康选择。

当我帮助患者调整饮食习惯,通过改善饮食来重新获得并延续他们年轻的大脑时发现,一旦他们突破了最初的抗拒情绪,就会开始大谈特谈他们取得的良好效果。这些患者不仅头脑更加清晰,体重得到了控制,睡眠质量也有了提升。在两周内,他们甚至开始选择新食物,并不再有欲望回到既往的饮食习惯中去。

选择健康的食物非常重要,但是我们也需要考虑饮食的分量。

我们很多人从小受到的教育是，如果想要吃甜点，就必须把盘子里的菜吃光，但这习惯应该被打破。了解自己吃多少是吃饱了，并让身体告诉我们"进食已足够"，是一个避免暴饮暴食的好办法。

另外一个有效的体重管理策略是分量控制。一份煎鸡胸肉、蒸蔬菜和一杯糙米，是一顿简单并健康的餐食，但是如果我们摄入太多含有碳水化合物的米饭，我们就会摄入不必要的卡路里。外出吃饭时控制分量是一个巨大的挑战，很多餐厅上菜的分量都很足，很难不全部吃完。与其他人分享一份主菜，是合理的分量控制的方法，同时，学会拒绝餐前面包也是降低卡路里的一种方式。

食物、心情和成瘾

我们所吃的食物会对我们的情绪及思维产生影响，反之，我们的情绪和思维也会影响我们对食物的选择。很多人会花很长时间计划、准备、思考每餐要吃什么。如果这顿饭最终是膳食营养合理的，那还算值得。但是对有些人来说，对食物的感觉和观点可能会失控，带来的则是对自我具有毁灭性的饮食习惯。

我最近接到凯伦的电话，她人到中年，是我五年之前的一名患者。她说她刚刚结束了一段失败的婚姻，感觉自己的人生已经失去了控制。我跟她约好，第二天来做咨询。

我记得第一次为凯伦治疗的时候，她是一家市场营销公司的执行人员，工作非常繁忙，为了兼顾工作和家庭而筋疲力尽。由此带来的压力让她沉迷于网络赌博。她当时来就诊的目的是戒掉赌博并戒烟，找到应对压力的健康方式，例如瑜伽和冥想。但很明显，她现在的情况不是很好。

第二天，当凯伦走进我办公室的时候，我立刻发现她和之前有很大的不同——至少胖了30磅。她坐在我对面，感谢我那么快就跟她约了见面。我问她，我能为她提供怎样的帮助。

凯伦垂下眼皮："我知道我胖了很多，但是斯莫尔医生，这不是主要问题。"

"凯伦，究竟发生了什么？"

"我的生活彻底崩塌了。我的意思是说，我丈夫离开后，巨大的工作压力，还有照看青春期孩子所消耗的时间，让我感到生活完全失控了。"

"凯伦，那你有没有再赌博？"

"上帝啊，我并没有，但是现在我的饮食出现了问题。我是越焦虑，就越想吃东西，尤其是夜晚独自一人的时候。"

凯伦的眼睛湿润了，我将纸巾盒推向她。我想到过去，她曾经是个安静的人，而且事实上她对自己体重和健康一直有点强迫。很明显，她仍旧有强迫的倾向，但是她的关注点从赌博转移到了暴饮暴食。

"凯伦，我能理解你现在很心烦。"

"我当然心烦。"她说道，"布鲁斯和我离婚，我厌倦自己的工作，现在我又变成了一个胖子，谁会不心烦呢？"

"布鲁斯怎么了？"

凯伦叹了口气："大概是积累太久了。他总是抱怨我不关心他，抱怨说我只关心工作、孩子和父母。你能相信吗，一个大男人，他竟然会因为我和我妈妈讲了 10 分钟电话而吃醋。"

"之后你没有办法做出改变吗？"

"没有，他开始和他的法务助理约会后就更不可能。"她咬牙切齿地说，"但是我的体重是在这之前，我戒赌以后不久增加的。"

凯伦戒赌以后，她以为她已经克服了上瘾问题。但她转而沉迷于食物，只是用一个不健康的成瘾问题替代了另外一个。我希望帮助凯伦意识并了解到这一点，这样她才有能力克服。

"凯伦，你有没有发现这里面的规律？"

"你的意思是？"

"嗯，看来当你戒掉赌博以后，你转向了另一个依赖品——食物。你只是用一个强迫性习惯替代了另一个而已。"

她坐在椅子上换了个姿势。"这完全不一样，我可以戒掉赌博，硬挺过来，但是我不能戒掉吃东西。"

"确实如此。"我答道，"但是我记得你曾经说过，赌博给了你能够掌控生活的感觉，只有你能决定什么时候去赌，什么时候不去赌。"

"所以呢？"

"你仍旧可以控制吃多少东西，控制问题可能是你身上反复出现的关键问题。"

基于我的经验，人们通常不会选择直面成瘾问题，直到发现危机降临，才不得不去面对。我希望帮助凯伦在出现健康危机之前解决她的饮食问题。凯伦承认，尽管暴饮暴食能缓和她的情绪，让她将注意力从目前的问题上转移开，但暴饮暴食过后她会觉得很沮丧，有强烈的负罪感。她确实需要得到帮助。

凯伦得的是暴食障碍，美国精神病协会的精神疾病诊断与统计手册（DSM）中的一个新的疾病分类，该分类中将食物成瘾列为一种临床诊断，和药物及酒精成瘾一样。同任何成瘾问题一样，对食物上瘾的人看到他们渴望的东西或焦躁不安时，会产生生理上的反应——心率减慢，大脑血管扩张——然后预先设定好的行为反射进入脑海：放肆地吃吧。

我要求凯伦每周来一次门诊。经过一个月的治疗，她开始参加暴饮暴食患者自治12步项目。刚开始的时候她觉得很不自然，在与其他食物成瘾康复患者沟通后，她感觉自己找到了知音，这有助她避免暴饮暴食。

随着疗程继续,凯伦学会了选择健康食物和控制分量。我们找出了她生活中使她焦虑、导致她暴饮暴食的诸多压力因素,她也渐渐意识到想要控制自己生活的每一部分——工作、婚姻、家庭——是个不可能完成的目标。很快凯伦就放弃了她对食物的沉迷,开始减重,而且也没有染上另外一种不健康的习惯。

强化对酒精或药物依赖的神经通路,同样控制着那些涉及任何愉悦活动的强迫行为,如吃东西、赌博、性和购物。当我们有欣快感时,大脑就会充满多巴胺,一种调节大脑奖励系统的神经递质。

成瘾者强迫性地渴求、探寻及想办法重现成瘾行为带来的愉悦和兴奋感。多巴胺会刺激脑内的快感中枢,导致成瘾者不断重复这种行为——而再,再而三的,哪怕是他们已经感受不到最初的快感,甚至是已经意识到会有负面的影响。一旦成瘾行为固定下来,大脑额叶,负责判断和决策的脑区,就败下阵来。

我们中的大多数人并不会遭遇像凯伦一样极端的暴饮暴食症,但是我们都有自己的营养习惯并影响我们对食物的选择。想要保持大脑健康,最重要的是要学习摄入正确的食物,并知道我们的感受会影响饮食习惯。

超重会让大脑超龄

尽管超重和肥胖症会损害健康已得到了广泛的认识,但大多数人还是对体脂过高持容忍态度。根据世界卫生组织的调查,全球超过 10 亿人体重超重,3 亿人患有肥胖症。该群体患病的风险更高,肥胖症也会让大脑老化并带来认知的退化。

超过 50% 的肥胖人群都患有一种我们称之为代谢综合征的疾病。其症状包括中心性肥胖(腹部周围多余脂肪),血糖升高,高甘油三酯和高血压,低"高密度脂蛋白"HDL("好"的胆固醇)。有代谢综合征的人，患心脏病、糖尿病和记忆减退的风险增加。

中心性肥胖可增加全身炎症反应，包括大脑。当炎性脑细胞攻击正常的脑细胞时，会导致神经退行性改变和认知能力下降。研究表明，平均而言，中心性肥胖的人，其大脑体积较小，这使得他们患痴呆的风险更高。

身体质量指数（BMI）是根据人的身高和体重来衡量身体脂肪的一个指标。健康体重的定义是 BMI 在 18.5 到 25 之间。超重的人的 BMI 通常介于 25 到 30 之间。肥胖通常被定义为 30 或更高。

> **你的 BMI 是多少？**
>
> 以下公式可以用来计算你的 BMI：
>
> 体重（公斤）÷ 身高^2（米^2）
>
> ➤ 例如，如果你的体重是 68 公斤，身高 1.73 米，那么你的 BMI 指数是：68（公斤）÷1.73^2（米^2）＝22.6（这在正常范围内）。如果想要使用电脑计算，可以登录 www.cdc.gov 搜索 BMI 计算器。

法国图卢兹大学的科学家发现，BMI 指数高的人在处理一些类型的信息时会有困难：与正常体重的人相比，BMI 指数高者学习词汇的能力和用数字替代符号的能力均比较差。调查人员也发现，BMI 基线较高的人在 5 年以后会发生更严重的认知退化。

BMI 指数高的人很难控制自己的食欲。当 BMI 指数上升时，控制冲动的额叶神经元就会工作失灵，很难抵抗不健康食品的诱惑。高 BMI 也会诱发胰岛素抵抗。胰岛素的作用是将糖分从血液运输到细胞中，所以当细胞发生胰岛素抵抗时，它们对胰岛素的反应能力下降，进而不能正确地吸收糖分。胰岛素抵抗可能会导致糖尿病以及心血管疾病。

BMI 指标正常者仍旧有可能患肥胖症。BMI 公式并没有计算身体的组成部分(比如体内的肌肉脂肪比例)。换句话说,有人的体重可能正常,但是体内脂肪比例过高。我们用 TOFI((thin outside, fat inside. 缩写 TOFI,中文为"外瘦内胖")来描述这种状况,有12%的成年人存在这个问题,可以通过全身 CT 或 MRI 进行诊断。除非这些患者进行了扫描,否则他们自己可能不会意识到他们也是代谢综合征、2 型糖尿病的高危人群。糖尿病常见的症状包括尿频、消渴、食欲旺盛,以及不正常的体重增加或减少。担心自己患有糖尿病的人群,应该去咨询自己的医生。

制定菜单的头脑游戏

你邀请你的上司夫妻二人有时间到新居来吃饭,他回复说当天晚上就可以。你没有时间去超市采购了,所以只能利用现有的食材准备晚饭。因为你的老板是一个健身达人,你希望你准备的晚餐膳食营养搭配合理,给他留下一个好印象。冰箱里有蔬菜可以做沙拉,冻酸奶可以做甜点,但是你需要想一下主菜吃什么。回到家,你发现目前家里有这些食材。请快速查看以下食材中有哪些可以用来做主菜,然后把主菜名写在下方的横线上。

——牛肉馅　　　——洋葱　　　——全脂牛奶
——鸡胸肉　　　——黄油　　　——糖
——汉堡面包　　——蘑菇　　　——橄榄油
——培根　　　　——番茄　　　——玉米片
——蛋黄酱　　　——鲜奶油　　——切达干酪
——全麦通心粉　——冷冻意式饺
——奶油蘑菇汤

主菜　＿＿＿＿＿＿＿

如果你用牛肉馅、汉堡面包、切达干酪和培根来做培根芝士堡，味道可能不错，但是没有办法用健康饮食让你的上司对你印象深刻。美味和营养的选择是烤鸡胸配全麦意大利面条和新鲜的番茄汁拌洋葱和蘑菇。

+·+

知道体重的增加会加速大脑的退化之后，很多人就有动力去改变他们的饮食习惯并改善大脑健康了。最新研究显示，减肥可以提高认知功能和记忆力。约翰·古斯塔特博士以及他在肯特州立大学的同事研究了 109 名肥胖症志愿者，他们曾做过减肥外科手术——切除一部分胃来减重的手术。参与研究的志愿者全部成功减重。手术后三个月，与未接受手术的肥胖志愿者对比，他们的记忆功能有了明显改善。

挨饿是为大脑？

研究人员曾经针对严格控制卡路里会不会延长寿命，并帮助大脑保持健康年轻做了研究。加州大学洛杉矶分校的一名研究人员，罗伊·沃尔福德博士通过很多动物研究证明了控制卡路里对健康和长寿都是有益的。他确信这些研究结果的真实有效性，他开始禁食，每周至少有一天，他会通过禁食来保护自己的健康。记得有一次我在餐厅遇见他，看见他中午都是吃些清汤寡水的食物。他看起来很健康，就是瘦了点儿。

对于常人来说，一周禁食一天的压力也是很大的，而且我们并不清楚对卡路里摄入的控制要到什么程度对人体健康才是最好的。很多医生和营养师建议，与其断食，不如少食多餐，来维持稳定的血糖水平和控制自己的胃口。

虽然肥胖或者超重会加速大脑老化,但有些研究表明,也并非全然如此。华盛顿大学的安妮特·费茨帕特里克博士及其同事研究了近2800名没有患痴呆的中老年。他们发现中年肥胖者5年后患痴呆的几率增加,但是晚年肥胖的痴呆风险较低。这种"肥胖悖论"所反映的现实是,老年人体重减轻与某些年龄相关的疾病相关,反映出总体身体状况较差。阿尔茨海默病的患者常常在症状出现的十年前就出现无法解释的体重减轻。

当研究人员试图回答"吃还是不吃"这个问题时,加州大学旧金山分校的科学家研究揭示出,低碳水化合物/低卡路里饮食,或者生成酮体的膳食,可能可以延缓大脑的衰老。他们发现,控制卡路里的酮体生成饮食所产生的酮体,可以提供禁食和运动时所需的能量。这些酮体也会保护我们免受氧化应激,避免造成细胞的损伤和衰老。

没有迟钝的大脑

如果你买了一辆十级变速的自行车给你的孙子或儿子,而他把它丢在雨中任车子生锈,你看到了肯定不会开心。这个生锈的过程就是氧化,这会锈蚀自行车外表崭新的镀铬。

脑细胞在工作时会产生一种叫做自由基的副产品,这些自由基造成了一种类似的氧化过程,会磨损我们的大脑。幸运的是,食用富含抗氧化物的水果和蔬菜等健康食物,有助于消除这种氧化损伤,保护我们的大脑。世界卫生组织建议,每天至少要吃五份水果和蔬菜。

尽管很多老年人并没有摄入足够的抗氧化水果和蔬菜,我们UCLA与盖洛普民调组织的研究发现,总体来说,老年人会比中年人和年轻人摄入更多的水果和蔬菜。在18552名受访的美国人中,64％的老年人表示他们在前一周至少有4天以上食用了世界卫生组织建议的食用量,而只有54％的中年人和49％的年轻人做到了这点。那些食用更多水果和蔬菜的人,很少有人存在记忆力明显下降。

颜色鲜艳的水果和蔬菜,如蓝莓、石榴、羽衣甘蓝、西兰花等都含有丰富的多酚抗氧化剂。多食用这些和其他水果蔬菜,可以降低患阿尔茨海默病和其他痴呆的风险。

抗氧化水果和蔬菜举例

水果		蔬菜	
牛油果	桃梨	苜蓿芽	玉米
黑莓	李子	洋蓟	洋葱
蓝莓	石榴	甜菜	小萝卜
哈密瓜	梅干	青椒	生菜
樱桃	葡萄干	西蓝花	菠菜
小红莓	覆盆子	芽甘蓝	红薯
葡萄	草莓	卷心菜	瑞士甜菜
猕猴桃	番茄	胡萝卜	芜菁
芒果		花菜	南瓜
橙子		羽衣甘蓝	

每天水果和蔬菜的摄入量取决于每日摄入的总卡路里。如果每天摄入 2000 卡路里,那么这些热卡里应该包括两杯水果和两杯半蔬菜。一根香蕉或一个苹果算作一杯水果,半杯水果干等于一杯新鲜水果。除了提供抗氧化物,水果和蔬菜还能补充人体所需要的维生素、矿物质和纤维来防止身体和大脑衰老。如果你在保持体重,那要注意,虽然西梅干和葡萄干含有丰富的抗氧化物,但也有很高的热量。

水果和蔬菜中也含有丰富的植物营养素,保护植物不受到细菌和虫子侵害的化学物质,同时也会影响植物食物的气味和颜色,例如蓝莓的深紫色和大蒜的气味。坚果、谷类、豆类、草药、香料和茶叶也含有植物营养素。虽然它们并不像维他命和矿物质一样是维持生命的必需品,但却可以帮助我们维持正常的生理功能并预防疾病,例如苹果、梅子和洋葱中的黄酮类植物营养素都是很强的抗氧化剂。初步研究表明,番茄、粉红葡萄柚、西瓜以及番石榴中富含的番茄红素可能可以预防某些神经退行性疾病和癌症。

> **香料对大脑的益处**
>
> 大多数美国人习惯高盐分的食物,这增加了患高血压和其他影响大脑健康疾病的风险。更好的替代品是香草和香料。既能为食物调色调味,又是促进大脑健康的抗氧化剂。所以,少加盐,试试罗勒、丁香、辣椒粉、桂皮、姜、牛至、欧芹、胡椒粉,或姜黄(咖喱粉中找到)。

正确的食物可以对抗脑部炎症反应

炎症是一个正常的生理过程,它可以保护我们的身体不受感染,并从损伤中恢复。如果扭到了脚踝,伤处会红肿、疼痛、发热。这些都是因为炎症系统正在努力修复受伤的组织。好好休息,红肿慢慢消退,就可以自由行走了。

研究让科学家相信,过度的炎症反应是导致阿尔茨海默病、心脏病和其他与年龄相关的疾病的原因所在。通过血液测试可以测量体内的炎症水平。血液中高水平的炎症与预期寿命缩短和心脏病风险增高有关。

科学家在对阿尔茨海默病患者的研究中,发现他们的大脑中存在炎症反应,特别是在控制思维和记忆的区域。慢性大脑炎症反应可使人们健忘和喜怒无常,并可导致抑郁症状的发生。

一些研究表明,抗炎的生活方式可以降低患阿尔茨海默病的风险。日常有助于心血管的运动、良好的夜间睡眠和有抗炎效果的食物都具有对抗大脑炎症的作用。

Omega-3脂肪酸是我们身体保持健康的必需抗炎脂肪酸。之所以是必需的,是因为我们的身体不能产生这种脂肪酸,只能从食物中摄取。Omega-3脂肪酸主要集中在脑部,对大脑功能、发育和发展至关重要。Omega-3也被称作多不饱和脂肪酸,可以从鱼类、坚果和一些植物油(例如菜籽油)中获得。

通过降低炎症反应,Omega-3脂肪酸可以帮助降低关节炎、心脏病、癌症和阿尔茨海默病的风险。Omega-3中非常重要的一种,二十二碳六烯酸或DHA,对于正常脑部活动和防止致阿尔茨海默病毒素有重要作用。血液DHA水平高与中年人学习能力的提高和较好的认知测试成绩相关。低水平的大脑DHA和与年龄相关的认知能力下降及高阿尔茨海默病风险有关。

不幸的是,传统的美国饮食中不包含足够多的Omega-3脂肪酸。我们往往会从全脂牛奶、红肉、黄油、油炸食品和某些植物油(例如玉米油)中摄入更多的Omega-6脂肪酸,而Omega-6脂肪酸促进了炎症反应。虽然我们日常也需要少量的Omega-6脂肪酸来促进正常大脑发育和肌肉生长,保持神经系统的健康,但美国人平均摄入的Omega-6脂肪酸是Omega-3的20倍,而推荐比例是3∶1。

吃鱼和吃海鲜是一个很好的获得Omega-3脂肪酸的方式。野生鱼类比养殖鱼类营养价值更高。因为养殖鱼中含有更多的脂肪和omega-6脂肪酸。

> **椰子油与阿尔茨海默病**
>
> 很多人想了解椰子油是否能够预防阿尔茨海默病。食用椰子油后,我们的身体会把一部分椰油分解成酮体,和葡萄糖一起,为大脑提供一种替代能量。南佛罗里达州大学健康伯德阿尔茨海默病研究所(University of South Florida Health Byrd Alzheimer's Institute)的研究人员正在招募志愿者来确定椰子油是不是具有比无活性的安慰剂更好的保护大脑免受阿尔茨海默病困扰的作用。在这些系统研究得出结果前,椰子油对大脑健康的益处还是存在疑问。应该记住的是,椰子油是一种饱和脂肪,会增加患心脏病的风险。

大多数专家建议一周食用鱼类不要超过 2—3 次,这样不会摄入过量的汞。大型掠食性鱼类如旗鱼、鲨鱼等与小型鱼类例如鳟鱼、鲶鱼等相比,汞含量更高。要比较不同鱼类和海产品的汞含量,请访问蒙特利湾水族馆海鲜观察网站(www. seafoodwatch. org)。

> **Omega-3 脂肪酸的最佳来源**
>
> 鱼和海鲜:凤尾鱼、鳕鱼、蟹、鲱鱼、龙虾、鲭鱼、三文鱼、沙丁鱼、扇贝、鳟鱼、金枪鱼。
>
> 豆类:四季豆、绿豆、黑白斑豆。
>
> 坚果类:亚麻籽、山核桃、松子、核桃。
>
> 油:油菜籽、亚麻籽、鳕鱼肝、大豆。

像地中海居民一样饮食

谈到健康饮食时,6500 万法国人堪为典范。6200 万意大利人和

4700万西班牙人也是榜样。这些地中海沿岸国家居民的饮食习惯不仅能保护他们的心脏健康,也能帮助他们降低阿尔茨海默病和痴呆的风险,保持大脑健康。

我所建议采纳的年轻大脑饮食方案类似地中海式饮食,强调水果、蔬菜、坚果、豆类、全麦类、植物油(尤其是橄榄油)、鱼类和其他精益蛋白质的搭配。相比之下,典型的北美饮食强调的是红肉和乳制品。大量的研究表明,那些坚持地中海饮食的人患有与年龄相关认知功能退减和阿尔茨海默病的风险相对较低。

💡 Omega-9 脂肪酸的小秘密

除了 Omega-3 脂肪酸,地中海式的饮食还包括了源自橄榄油、油菜籽、花生、杏仁、腰果、开心果、鳄梨和橄榄等食物中的 Omega-9 脂肪酸。Omega-9 脂肪酸并非人体必需的脂肪酸,也就是说人体自身在有必要时也可以产生 Omega-9 脂肪酸,所以我们并不需要额外补充它。但是日常膳食中的 Omega-9 脂肪酸可以从多方面促进身体和大脑健康,这些脂肪酸降低了"不好的"低密度脂蛋白胆固醇,增加了"好的"高密度脂蛋白胆固醇,它们可以降低中风的风险并促进心血管健康。最近的研究也表明,Omega-9 脂肪酸有助于提升新陈代谢,改善情绪。尽管每调羹的橄榄油与黄油中的卡路里含量相当,但用橄榄油替代黄油可以帮助我们控制总体卡路里的摄入。康奈尔大学对餐厅的食客进行了研究,发现用食用橄榄油配餐包的人比食用黄油的人少吃23%的面包。

2012年,在一个包括966名老年志愿者的研究中,迈阿密大学的汉娜·加德纳博士和她的同事通过脑MRI扫描发现,那些食用地中海饮食的老年人很少存在脑部损伤。MRI检测显示,大脑中的小血管负责脑细胞之间信号传输的白质区域的血液供应,而这种健康的饮食可以减少血管受伤的几率。

另外的研究也确认了这类饮食对大脑的保护作用。纽约哥伦比亚大学的尼可拉斯·斯卡米斯博士和他的同事用了4年半的时间跟踪研究了1393名老年志愿者。他们发现,那些遵循地中海式饮食的研究对象比较不容易患轻度认知障碍或痴呆。所以,无论你是在法国南部还是在家里准备晚餐,关键是要确保食物中包含来自鱼类的抗炎Omega-3脂肪酸、健康的维他命、矿物质、来自全麦类的纤维、含有抗氧化物的水果和蔬菜以及类似橄榄油的健康脂肪。

蛋白质的重要作用

地中海式饮食强调的是源自坚果和鱼类的健康蛋白质与源自全麦类的健康碳水化合物,以及源自水果蔬菜的抗氧化物之间的结合。将蛋白质与碳水化合物结合是保持大脑健康的关键策略。碳水化合物可以瞬间提升能量,但是这种提升作用很快就消失了。如果早上10点吃了一个苹果,我可能在之后的一个小时内都会有饱腹感,但之后马上就会感到饥饿。如果我吃苹果(碳水化合物)外加一把核桃或一杯酸奶(蛋白质),那我既能从碳水化合物中获得能量的提升,又能因为蛋白质获得较长的饱腹感。因为健康的蛋白质可以延长饱腹感,帮助我们控制饥饿感和体重。

到目前为止尚不完全清楚蛋白质是如何控制食欲的。一种机制可能是蛋白质会降低大脑刺激食欲的激素水平。消耗蛋白质也可能减少胰岛素的短期释放,使血糖水平保持平稳。当血糖下降时,食欲会增加。

蛋白质对我们的身体和大脑的结构和功能均至关重要。蛋白质分子由 20 种氨基酸组成,其中有 9 种是必需氨基酸,必须从饮食中获取。必需氨基酸存在于鱼类、肉类、家禽、酸奶、鸡、牛奶、奶酪、坚果和大豆中。

全脂酸奶可以降低患肥胖症的风险

一项新的研究反驳了过去人们觉得只有吃低脂或脱脂酸奶才能控制体重的想法。西班牙纳瓦拉大学的米格尔·马丁内斯·冈萨雷斯教授在 6 年内随访了 8516 名志愿者。这些志愿者在研究开始前体重健康。研究过程中发现,每周吃三杯半全脂酸奶的志愿者与那些只吃低脂或脱脂酸奶的志愿者相比,肥胖的可能性降低了 19%。对地中海式饮食的志愿者,全脂酸奶的体重控制效果更加明显。

有些人为了减肥而摄入高蛋白、低碳水化合物的饮食,但重要的是吃太多的蛋白质可能会适得其反。含有 50%蛋白质的饮食无法提供足够健康的碳水化合物,而且有可能脂肪含量过高。30%蛋白质含量的饮食提供的蛋白质已经高于美国的平均值(15%),而且也为水果、蔬菜和全麦类留下了足够的空间。

健康的零食组合

核桃和葡萄干

西芹配天然杏仁酱

苹果片配奶酪

混杂蓝莓的酸奶

全麦饼干配沙丁鱼

转变对糖的看法

我们的大脑需要能量才能保持正常的运转,通常大脑从葡萄糖中获取能量,而葡萄糖则来自于我们摄入的碳水化合物。脑细胞不能储存葡萄糖,因此需要从血液中得到源源不断的供应。

随着糖分的消耗,胰腺分泌的胰岛素将血液中的糖分输送到身体的细胞中去。含有大量精制或加工过的碳水化合物,例如饼干和大米,有很高的血糖指数。这就意味着这类食物会造成快速的血糖高峰,从而增加胰岛素的分泌。胰岛素的增加会导致细胞过快吸收血糖。随着时间的推移,细胞开始抵抗胰岛素,这就需要越来越多的胰岛素才能完成糖分的输送。

> **实验室动物喜欢奥利奥胜过可卡因**
>
> 你有没有原本只想吃一片奥利奥却最后吃光了整包的经历?研究表明,这种高脂肪/高糖的零食刺激大脑的伏隔核的快感中心,与可卡因等高度上瘾药物作用方式相同。2013年,康涅狄格大学的约瑟夫·施罗德博士和他的同事研究了实验室动物穿越迷宫到达奥利奥或可卡因处的时间,发现实验动物花费在奥利奥上的时间比花费在可卡因上的多。事实上,奥利奥对动物的伏隔核的刺激与可卡因一样。许多专家认为,这些动物研究结果与人类有相关性,有助于解释高脂肪/高糖食品的高成瘾性。我对不能抗拒奥利奥的人的建议是:一次只拿一到两片,把其余的收起来。更好的做法是,拿一个橘子代替。

习惯食用高血糖指数食物的人患糖尿病的风险增加。食用健康的低血糖指数的食物,如新鲜水果、蔬菜和全麦类食物,有助于维持稳定的血糖水平,并使胰岛素正常发挥作用。为了降低你患糖尿病的风险,要吃低血糖指数的食物。

糖尿病带来的胰岛素抵抗威胁着大脑健康——它干扰血糖从血液流向脑细胞,损害大脑的主要能量来源。糖尿病也会增加大脑小中风和导致阿尔茨海默病的几率。

食用大量的精制糖会堆积额外的热量,导致体重增加,含糖饮料是加工糖的常见的来源。已有研究将含糖饮料与肥胖风险联系起来,因此改用水或茶可以帮助人们控制体重。一项发表在《BMC 公共卫生》杂志上的研究表明,对含糖饮料征收额外的税可以降低肥胖率。

咖啡因和酒精

含咖啡因和酒精的饮料不只是流行于全世界,它们也是许多社会交往的重要组成部分。短句"见面喝杯咖啡"或"喝一杯怎么样"几乎是"让我们聚一聚吧"的代名词。过度摄入的消极后果是众所周知的。太多的咖啡会让你焦虑或紧张不安,甚至将心脏置于风险之中。酗酒既毁坏生活也损伤脑细胞。慢性酒精滥用会破坏大脑的海马记忆中枢,导致严重的健忘症。然而,适度地饮用这些饮料实际上有利于大脑的健康。

含咖啡因的饮料,可以扩张血管,使其更有效地工作。每天喝一到三杯咖啡可降低 65％的阿尔茨海默病和帕金森病的风险。科学家们已经证明,当实验动物每天喝咖啡时,它能保护大脑细胞免受过量胆固醇的有害影响。南佛罗里达大学医学院的研究人员对轻度认知功能障碍的患者进行了数年的研究,发现痴呆患者血管中的咖啡因水平比认知状态稳定者低 50％。

我们大多数人都体会过咖啡因的直接影响——它使我们振奋、

警觉和专注。最近一项针对无饮用咖啡习惯的志愿者的研究显示，在喝了一到两杯咖啡后，他们 24 小时内的记忆力得到了显著改善。

有些人会因为咖啡的酸度和其他化学物质而胃不舒服。一杯茶应该是很好的替代品，但是茶中的咖啡因比咖啡中的要少。一杯煮好的咖啡含有 100—200 毫克咖啡因，而一杯茶中只有大约 40 毫克。

适度饮酒也被认为可以保护大脑。与完全不饮酒和酗酒的人相比，偶尔饮酒的人患痴呆的风险降低 30%。人们常常想知道怎样才是"偶尔"或"适度"的酒精摄入方式。研究表明，女性一天一杯白酒或葡萄酒，男性两杯，是有助大脑健康的合理饮酒范围。这种差异可能反映了男性体型比女性更壮硕，因而对酒精的耐受性好于女性。

适度饮酒可以保护大脑的确切原因目前还在研究中。一种理论认为，适度饮酒的人倾向于总体更温和的生活方式，他们不会对事物过度上瘾，这对大脑有保护作用。一些研究也指出，酒精中含有一些潜在保护大脑的化学物质。

纽约西奈山医学院的研究人员发现，每天摄入一杯 6 盎司红酒的小鼠比对照组小鼠有更好的记忆能力。它们的淀粉样斑块也较少，而淀粉样斑块常常在阿尔茨海默病患者的大脑中出现。

酒精中的抗氧化剂成分也可以保护大脑。其中一种抗氧化的化合物白藜芦醇在葡萄和葡萄酒中含量丰富。动物研究表明，白藜芦醇能改善记忆力，但你在用完并囤积白藜芦醇胶囊之前，请记住此物质用于人类的研究仍在进行中。

为了年轻的大脑而进食

- 让你的饮食美味又有营养。在两周内,你可以改变大脑的神经回路,让你更容易坚持新的饮食方式并享受它。

- 有些人沉迷于某些食物或进食太多的食物,重要的是要认识到这一点,并避免任何可能触发你进食过量的事物。

- 每天至少要吃五份颜色多样的水果和蔬菜以消除大脑的氧化应激反应。

- 来源于鱼、坚果和亚麻籽的 Omega - 3 脂肪酸是天然的消炎药,可以保护脑细胞免受年龄的伤害。

- 超重或肥胖对大脑是有害的。如果体重是你目前的关注点,则应该限制热量摄入并提高活动水平。

- 在每餐和零食中加入健康的蛋白质和碳水化合物会提高精力,延长饱腹感。

- 通过削减饮食中的精制糖来保护大脑。这将降低超重或肥胖风险,并降低糖尿病的风险。

- 适量饮用含咖啡因和酒精的饮料对大脑有益。

第六章　为了更年轻的大脑而瘦身

第一次看见一位跑者的微笑时，我就考虑慢跑这件事了。

——琼·里弗斯

当他穿梭于小路间跑步时，他听见自己心脏均匀跳动的声音，四肢完美伸展，驱使他不断向前。他一边呼吸清新空气，一边冷静沉思，绕过拐角，朝着家的方向一路跑去。他渐渐放慢了脚步，沿着私人车道走着，闪着汗光，心情舒畅。格雷格爱极了这样的晨跑。

卡罗琳递给他一杯橙汁，问道："今天跑了多少英里？"

"5英里。感觉棒极了。"

"生日快乐，亲爱的。"她亲吻下他的额头，说道，"你才73岁，年纪轻轻。"

我们都知道，有氧训练有助于保持身体健康。格雷格的日常跑步降低了他患糖尿病和心脏病的几率，延长了他的寿命。最近的研究表明，体育锻炼是保持大脑年轻的最强有力的方法之一，减少患痴呆的风险，甚至可以为我们的大脑减龄。

从沙发上起身去散步、做园艺，或是做任何体力活动，都可以让心脏向脑细胞供给更多的氧气和营养,有利于立刻提升脑力。科学家们证明,健身可以短期提高认知功能:提高集中注意力,并提高解决问题及规划未来的能力——这些认知能力在日常生活中起重要作用。

体育锻炼可以产生特别的、可以作为神经元激活剂的化学物质——脑源性神经营养因子(brain-derived neurotrophic factor, BDNF)。这个化学物质可修复受损的脑细胞,并刺激健康脑细胞分裂增殖,分出更多树突以提高大脑神经元沟通和提高脑功能。2013年,发表在《JAMA 神经病学杂志》的一项研究表明,经过 10 年的随访,血液中脑源性神经营养因子高的志愿者患痴呆症的可能性下降大约一半。

运动也会改善我们的情绪。体育锻炼可以使大脑沐浴在内啡肽中,这是一种会让人"感觉良好"的激素,许多长跑运动员和耐力比赛运动员都体验过它所带来的兴奋感和愉悦感。一直保持运动与更佳的生活满意度、健康的心理状态,和抑郁症状的减少息息相关。

研究发现,运动所具备的改善情绪的作用,等同于抗抑郁药对于轻度至中度抑郁的作用。保持一个好心情可以提高认知力,同时可以降低患痴呆症和阿尔茨海默病的风险。

运动不分年龄段

格雷格从高中起就成为一名赛跑运动员。他七十多岁的时候,人们常常说他看上去至少年轻十岁,他自己也有这样的感觉。人们越早开始养成锻炼习惯,就越容易把这健康的习惯长久保持下去,什么时候开始运动都不迟。

最近研究表明,年轻人如果久坐不动,那他迟早要为他的生活方式付出代价。加州大学旧金山分校的克莉丝汀·亚夫博士及其同事最近发表了研究报告,认为中年人如果和年轻人一样活动,那么他们的认知能力会更好。调查人员对美国 4 个城市的 3375 名中年志愿者进行了为期 25 年的纵向研究,分析数据发现,年轻时运动多的志愿者,在认知处理速度和执行功能这两项认知测试中表现得更好——这两项均直接影响人们思考和处理问题的能力。

在每一个年龄段,锻炼都能增强大脑健康。大量的研究表明,老年人的体能运动能对大脑产生近期和远期的积极影响。锻炼身体的中年人将来患痴呆的风险低。加州大学尔湾分校的研究人员发现,90 岁的老年人如果身体状况良好(例如,有强大的握力,更好的平衡感),是不太可能出现记忆丧失和其他形式的认知能力下降的。

锻炼增大你的大脑

运动可以使大脑体积变大,对大脑而言,体积越大越好。伊利诺伊大学阿瑟·克莱默博士及其同事的研究具有里程碑的意义,他们发现,与不运动的老年志愿者相比,运动的老年志愿者记忆力更好,海马记忆中枢体积更大。

科学家对 60 至 80 岁之间的 120 名志愿者进行了研究。一半人进行快步走项目,包括戴心率监视器,鼓励他们达到目标心率,而另一半人只做拉伸和健身操。对两组人进行开始前(基线)和 6 个月及 12 个月后的 MRI 脑部扫描、血液测试及记忆评估。

后页图表所示,是志愿者的左侧海马区,即太阳穴下面一个马蹄形的大脑区域,用于储存和组织新的词语记忆以便日后检索。有氧运动组人群,左侧大脑海马区逐渐扩大,而拉伸和健身操组则逐渐萎缩。控制视觉和空间记忆的右侧大脑海马区也是如此。

有氧训练使海马区整个体积增加了 2%,有效扭转了两年增龄所致相关脑区域的减损。科学家还发现,记忆中心增大与更好的记忆表现分和血液中更高的 BDNF 水平有关,而 BDNF 是刺激大脑神经细胞生长的化学物质。

走路这组的志愿者在研究的前 7 周里是逐渐加快走路速度的。这主要是帮助他们提高心血管耐力和下肢的力量,有助于避免疲惫、酸痛和损伤。如果你身体状态不佳,那么开始缓慢而稳定的锻炼是个不错的选择,随着耐力增加,再加快步伐并增加快走的时间。

锻炼会促进海马生长

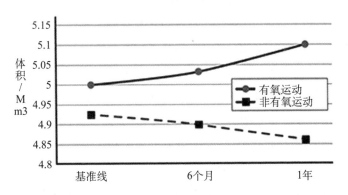

三天打渔两天晒网的锻炼者或周末健身达人会偶尔增加运动强度,但他们由于缺乏耐力的训练,反而更容易受伤。

> **💡 走路战胜糖尿病**
>
> 规律的体育锻炼不仅可以增强大脑功能,还可以预防糖尿病。糖尿病是一种年龄相关疾病,2600 万的美国人患有糖尿病。每天 20 分钟的快走可以降低患糖尿病的风险达 30%。你的大脑也会受益,因为糖尿病会双倍增加患阿尔茨海默病的风险。

克里斯蒂注意到记忆悄然流逝的迹象有些年头了,但她只是像她的朋友们一样拿这个打趣。在阅读过一篇令人信服的关于身体锻炼如何帮助增强记忆的文章后，她决定积极运动来帮助自己重拾记忆力。然而不幸的是，克里斯蒂没有事先评估自己当前的身体状况。

她在高中和大学时期曾是一名运动员，获得的田径和排球比赛的奖杯可以证明她辉煌的成就。毕业之后，她忙于自己的工作和家庭，也就不再继续身体锻炼。

如今，克里斯蒂想立马重新开始运动。她决定安排自己周六上午的时间来锻炼身体。她早早起床，换好运动装后打开前门，开始在陡坡上慢跑。空气十分清新，虽然跑了几分钟有些喘，但她还是坚持了下来。在爬最后的小山坡时，她感觉到右侧膝盖的隐隐作痛，但是她认为下坡会好些。然而，下坡时她的膝盖更加疼痛。

20分钟后，克里斯蒂感觉膝盖阵阵悸痛。她一瘸一拐地走回家，用冰块敷膝盖止痛，然后吃了片阿斯匹林。不得不承认的是，57岁的克里斯蒂早已没有了她20岁时的膝盖和耐力。

克里斯蒂用了一些物理疗法来治愈自己的膝盖，一个月后，她又可以自由行走了。她找到一位教练，制定了合理的锻炼计划，帮助自己逐渐恢复到以前的耐力水平。很快锻炼计划奏效了，克里斯蒂的耐力基本回到念书时的水平。但是记忆力的提高才是她最大的收获。

评估你的基线健康

无论我们是在散步、慢跑、打网球，还是在沙发上惬意地用遥控器，我们都有一个当前的或基本的体能水平。了解基线有助于我们确定从哪里开始着手体育锻炼。基线体现了我们现有的体力和不足。

研究表明，自我评估可以让我们清楚地知道自己的健康水平。完成这个简短的自我评估心血管功能、力量水平和协调能力的问卷，可以了解你目前的健康水平。当你开始为期两周的大脑年轻计划时,分数值会提示你每个项目需要投入多少精力。

如果你在每一个类别中都得到 4 至 6 分,你的身体状况就很好。如果你在任意三个类别中有一个分数高于 8 分,那么你就需要努力锻炼了。你的努力是为了你的大脑健康和身体健康做投资,你会很快看到成果。正如克里斯蒂和教练所做的,你应该在目前的健康水平上开始运动,并逐渐建立你自己的日常锻炼方案以获得最佳效益。

+-+

你的基线身体健康状况

阅读下列陈述,选择适合你的选项:1(从不),2(有时),或 3(经常)。

心血管状况	从未	有时	经常
我在行走 10 分钟后就上气不接下气	1	2	3
我爬两层楼梯就累了	1	2	3
我一般乘电梯而不是走楼梯	1	2	3
散步或爬山时我经常掉队	1	2	3

心血管状况的总评分

力量程度	从未	有时	经常
我排队超过 10 分钟就会感到累	1	2	3
我请别人帮我抬重的物品	1	2	3
我很难打开罐头或紧闭的窗户	1	2	3
尝试新运动或身体活动后感觉酸痛	1	2	3

力量水平总评分

协调能力	从未	有时	经常
我走路时常常担心会被绊倒或摔倒	1	2	3
我单腿站立不能超过 5 秒钟	1	2	3
我穿鞋需要坐下	1	2	3
我上楼时需要扶手或辅助	1	2	3
协调能力总评分			

让锻炼变得有趣

让锻炼变得有趣。在美国,每五个人中就有两人是完全久坐不动的,且不运动的人数比例随着年龄的增长而增加。许多人不仅很难空出时间来锻炼,而且也不觉得运动有乐趣。如果你创建一个你喜欢的锻炼日程,如和朋友散步,与好伙伴打网球,或者在健身房上一节有趣的尊巴舞课,那么锻炼便更容易坚持。

许多研究都记录了运动对大脑的积极影响,研究表明,零星的锻炼不足以让大脑真正获益。我们需要持续常年累月的锻炼来延迟大脑的衰老,预防痴呆和阿尔茨海默病。

慕尼黑科技大学的特里福·伊藤根博士和同事们对近 4000 位 55 岁及以上的人进行了有关体育锻炼对认知影响的研究。相比不锻炼的人,两年内经常锻炼的人认知衰退的风险会降低大约 50%。你不需要为了降低患痴呆的风险而成为一个三项全能运动员,你需要做的就是坚持长期的锻炼计划。华盛顿大学的埃里克·拉尔森博士及其同事对志愿者进行了 6 年的随访,发现在 65 岁以上的人群中,每周锻炼 3 天者,其患痴呆的风险会大大降低。

当我们的锻炼达到一定的强度时,我们的身体会产生内啡肽——天然止痛剂,这会改善我们的情绪,增强体验感。我们的挥汗努力得到了回报,大脑的多巴胺系统得以充电,大脑开始渴望更多的锻炼。

让锻炼变有趣的五条建议

1. 社交化。享受和朋友运动时的交流,这对身体和大脑都有好处。

2. 竞技性。网球、排球和其他竞技体育的热烈气氛可以吸引大脑,促使我们反复进行运动。如果你不喜欢与别人竞争,可以通过提高成绩或增加重复次数来不断挑战自我,与自己竞争。

3. 增加智力游戏。在健身单车或跑步机上做谜题和脑筋急转弯。新的研究表明,当你的心脏努力搏动时你的认知也得到更多的锻炼。

4. 转换。你的大脑热衷于变化,所以不要固守成规或某一个运动项目。

5. 户外运动。有时把跑步机改换成户外运动,你可以在锻炼的同时欣赏周围风景并探索新环境。

许多人喜欢晨练,而另一些人则觉得晚些锻炼更方便。关键是在你感到精力最充沛时锻炼。当你的锻炼变得有规律时,你的身心都会期待你锻炼,很快锻炼也就成为了一种习惯。研究习惯形成的科学家发现,对许多人来说,新的行为在短短三周内就可以转化成常规习惯。不过也有例外,有些人可能需要一个月或更久才能把锻炼程序变成一种习惯。

> ### 💡 世界上最年长的马拉松运动员
>
> 2011 年 10 月 16 日,华嘉·辛格成为完成马拉松比赛的最年长的运动员。100 岁时,辛格在 8 小时内完成了多伦多 26 英里的湖滨马拉松比赛。什么时候开始跑马拉松都不晚,辛格就是在 89 岁时跑了自己第一个马拉松。

自信并认为自己健康的人,往往更愿意终生坚持锻炼。加州大学洛杉矶分校的凯瑟琳·萨尔斯基安博士研究发现,如果老年人认识到锻炼对大脑健康和记忆有好处,他们就更容易坚持。

当你策划运动程序时,回想一下你早年生活中所喜爱的体育活动会有所帮助。许多人发现竞技体育最有趣,而另一些人则喜欢通过散步、慢跑、游泳或举重来挑战自己。

不管你选择何种运动,几种不同类型的训练交叉进行是任何健身程序的重要组成部分。交叉训练可以让你锻炼不同的肌肉,减少受伤的风险,并使你的训练更有趣。例如,马拉松运动员必须练长跑来达到优异的成绩,但举重训练可以增加肌肉力量,练瑜伽可以保持身体的灵活性,这些将提高运动员整体的身体状态。

在"两周重塑年轻大脑"的项目中,日常运动将会和大脑健康策略相结合,但是没有理由等到你阅读第九章时再开始,何不从现在开始锻炼呢?

> ### 🧩 脑筋急转弯
>
> 重新排列以下字母,找到更关注力量训练的运动而不是有氧运动的运动。(答案见本章末。)
>
> GOJNGGI   USPPHUS   MGMSINWI   AKLGINW CCLINGY

因人而异，减少痛苦

完成有强度的运动锻炼之后，很多人都会感觉到全身舒畅。神经科学家发现内啡肽水平的升高可以解释这种镇痛效果，也准确找到了大脑中受到运动锻炼影响的区域。为了获得这种天然的内啡肽止痛效果，我们的运动强度需要将心率提高到一定的水平，增加大脑内的氧气和血液量——因此闲庭信步到街角报亭可能并不能达到这个效果。有氧运动也增加了其他可以帮助减少疼痛的神经递质水平，例如伽马氨基丁酸（gamma amino butyric acid，GABA），它能镇静神经系统，使我们不易接收到疼痛的刺激。

> ### 书桌边的三个伸展动作
>
> 我们很多人每天都要花几个小时坐在工作桌旁。不管是用电脑、分拣邮件还是清算账目，我们都倾向于长久肩膀前倾，背部弓起或者把胳膊固定在同一个位置。每隔一段时间做一下伸展运动来保持良好的姿势和平衡是非常重要的。所以让我们来尝试做一下以下三个伸展运动，这几个动作甚至都不需要站起来。
>
> 　　胸部运动：坐在椅子边缘，双手于背后握住，慢慢在身后抬起上臂，推动胸部向前。坚持五秒钟并重复动作。感受胸部的拉伸和肩膀的打开。
>
> 　　肱三头肌运动：将手臂举至头顶。弯曲右手肘，将右手放于头后，左手握住右手肘，在头后前后运动。坚持五秒钟，感受肱三头肌和肩膀的伸展，左手重复同样的动作。
>
> 　　肩膀运动：左手在胸前搭在右肩膀上，右手握住左手肘，拉伸左上臂。感受肩膀和上背部的拉伸，保持动作五秒钟，换另一边。

大多数人在中年以后没有理由不锻炼并享受健康给我们带来的各种益处。我们可以通过转变运动方式来适应个人需求,并适合于旧伤或与年龄相关的体能减退。

很多运动可以增强体能或帮助身体恢复。膝盖或脚踝有问题的人们更喜欢椭圆机和自行车的往复运动,这比慢跑和跑步更适合他们的关节。背中、下部疼痛的患者更适合游泳舒缓持续的运动,这可以帮助他们伸展和强健虚弱的背部肌肉,而不是像很多转体动作的运动,例如网球或高尔夫。

一个好的教练或理疗师可以推荐具体的矫正运动来解决肌肉不平衡导致的背部或膝盖慢性疼痛等问题。这些矫正运动旨在改善活动方式,并带你迈上健身训练的更高台阶。

保护你的头部

一些有趣、吸引人的运动的缺点之一是有头部外伤或脑损伤的风险。许多职业运动员都因为反复的头部受伤导致长期的健康问题,但是创伤性脑损伤的风险是我们每个人都应该注意的。美国疾病控制和预防中心(CDC)认识到了问题的严重性,估计每年至少有170万例创伤性脑损伤发生。任何涉及肢体接触(人和人、人和物)的运动都可能会带来头部创伤和脑震荡,包括足球、曲棍球、拳击、武术、橄榄球、自行车、滑板和滑雪。

脑震荡的症状多种多样,包括失去意识、头痛、头晕、恶心、呕吐和疲劳。多次击打头部即使没有导致脑震荡,也会引起慢性创伤性脑病,或CTE。这是一种可以改变人性格、造成行为和情绪紊乱的综合征。主要的症状包括记忆减退、意识模糊、痴呆、抑郁、激惹和自杀行为。对患有CTE的患者进行尸检,显示高浓度的tau蛋白,这是一种异常的蛋白质沉积物,同样也发现于阿尔茨海默病患者的脑组织中。

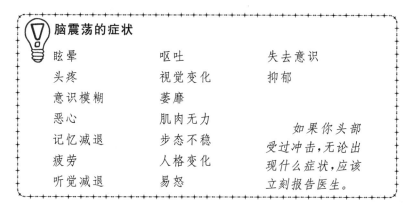

我们加州大学洛杉矶分校的研究组,对退役的国家橄榄球联盟球员中有类似CTE症状者进行了FDDNP－PET扫描。在所有的研究对象中,我们发现了高浓度的FDDNP,提示高浓度tau蛋白出现部位与CTE患者尸解大脑tau蛋白的沉积部位相同。杏仁核,大脑控制情绪的区域,显示出持续高的FDDNP信号,这也许能解释为什么患有CTE的患者会有易怒、冲动和其他的情绪症状。这些扫描结果有别于典型的阿尔茨海默病扫描,但是橄榄球运动员与普通人相比,有非常高的患有阿尔茨海默病的风险也是不争的事实。

我们目前正在进行进一步的研究,以了解FDDNP－PET是否有助于创伤性脑损伤的早期检测。我们怀疑,尽管tau蛋白质沉积物很重要,但不是导致CTE的唯一原因。像阿尔茨海默病一样,遗传因素可能是影响CTE的原因之一。事实上,对职业拳击运动员的研究发现,携带APOE－4的阿尔茨海默遗传风险基因者,比不携带APOE－4的人更容易患有认知减退。此外,以往的研究发现,早年创伤性脑损伤者在晚年患痴呆的概率比一般人高2—4倍。

不是所有的人经历创伤性脑损伤后都会立即出现症状,但这并不能排除有可能悄悄出现的脑出血或脑水肿。头部受打击或撞击后，必须休息，避免进一步受伤，并寻求医疗照顾。

在梅奥诊所对 141 例轻度认知障碍——一种痴呆前状态——患者的研究中，研究人员发现，20％的人有一次或多次脑损伤的经历。对这 20％有过脑损伤的人们的脑部扫描显示存在患有阿尔茨海默病的证据，而没有脑损伤的研究对象则没有患病的证据。

许多体育运动都必须戴头盔，包括骑自行车和滑板。为了保护大脑免受伤害，应该考虑如何使危险的运动更安全。与其在繁忙的街道上骑自行车，还不如在家里骑一辆健身自行车——这样既可以在阅读或观看新闻的同时运动，头部也能得到保护。太极是温和版的空手道，泳池游泳也比冲浪更加安全。

 安全的运动选择

危险运动	安全运动
冲浪	游泳
全攻全守型橄榄球	触身橄榄球/夺旗橄榄球
山地自行车	固定自行车
高山滑雪	在跑步机上边运动边看电视

微调你的运动方式

一个完整的健身计划涵盖三个重要领域：心血管调节，力量训练，平衡训练。当你在制定日常运动计划时，最好针对每个领域采用不同形式的运动。你可能会喜欢网球，觉得慢跑很无聊。此外，一些类型的运动会更适合你的生活方式，比如使用室内椭圆机而不是户外远足。一个精心设计的个体化的运动计划更容易长期坚持下去。

改变你的日常运动习惯会带来更多的好处。它会使运动变得更有趣，大脑也会更喜欢。大量的研究表明，我们的大脑天生喜欢猎奇和探索不同的经历，所以改变运动形式不仅可以保持整体健康，也能保持神经回路的兴奋。

虽然三个健身领域都很重要，但有氧对大脑和心脏健康来说是最基本、最重要的。有氧运动可以改善情绪，提升心理敏锐度，提升能量水平和改变睡眠状态。如果你没有办法特别空出 15—20 分钟做有氧运动，不如试试先爬楼梯而不是乘电梯，或者在白天见缝插针散步。

> 💡 **目标心率**
>
> 腕上佩戴心率监测器有助于你努力达到目标心率，并在达到目标心率后继续保持。你可以通过用 220 减去年龄来计算你的最高心率。例如，平均来说，60 岁老年人的最高心率是 160（220—60）。运动的目标心率不应该是最高心率，而是最高心率的 60%—80% 之间。所以，60 岁左右的人群应该在心血管运动时将目标心率设定为 96—128 之间并予以保持。

设定目标有助于鼓励运动，但必须确保目标切实可行——比如每次增加 5 分钟运动时间而不是 30 分钟。很多人喜欢在运动时穿戴计步器或心率监测设备来看有没有达到运动目标，使用这些监测方法既有效又安全。

有氧运动的选择

有氧运动的目的是让你的心脏和肺部有效地将氧气和营养物质输送到你的脑细胞。心脏的效率越高，你的身体和大脑因患高血压、糖尿病和其他与年龄有关的疾病而损害神经元的风险越低。在做有氧运动的同时燃烧卡路里，也有助于控制体重，从而进一步优化大脑健康。

一些教练提倡间歇训练，优点是低强度运动和高强度运动穿插进行，中间有短暂休息时间。间歇运动与常规连续运动相比，都具有增加血液流量和改善心肺功能的作用。如果你的日程安排不能保证完整的锻炼时间，你也可以把运动分解成几个短的时间段。研究表明，和连续 30 分钟的锻炼相比，将 30 分钟的锻炼分为 3 个 10 分钟的训练会产生类似效果：体重控制和心脏健康的改善。

在有氧运动的研究中，步行最受关注，因为它的损伤风险最低。大多数专家都同意，散步和其他任何形式的心血管运动具有同样的益处。

> **散步与创造力**
>
> 你可能已经注意到，你最有创意的想法通常不是在桌边工作时想起的，而是在外出散步时产生的。斯坦福大学的研究人员评估了运动和创造力之间的联系。他们采用了一个标准化的创意测试，让受试者说出几个常见物品的不同用途和用法。那些受试者在散步或在跑步机上运动时，比坐在桌边时显示出了更大的创意。这表明有氧运动的生理效应可以刺激控制创造性思维的神经回路。下次我再写专栏时，一定先去散散步。

用跑步机很方便，但因为缺乏室外的空气阻力，因此比起室外散步或跑步稍嫌容易了些。将步行速度提升到慢跑或跑步状态会提升你的运动目标，将跑步机的坡度稍作提升可以增加室内运动的挑战难度。

找一个健身伙伴或一群朋友一起运动，可以帮助我们坚持定期运动。遛狗是一个不错的外出进行轻松有氧运动的理由。研究表明，遛狗是日常锻炼的有效动机。研究人员发现，50 周内，养狗的人比不养狗的人外出步行和减肥的概率更高。作为遛狗的附加值，你的狗也会保持良好的身材。

骑行 是一种有效的有氧运动选择,对膝盖和脚踝的压力也更小。事实上,舒缓往复运动可以强化这些关节。如果天气不允许室外骑行,固定自行车或椭圆机则是个不错的选择。骑行比走路或跑步更能增强小腿和大腿的力量,而且受伤的风险小。

游泳 是一种非常好的低强度运动,几乎身体的每个肌肉群都会参与到运动中。它适合各种关节损伤,变换泳姿有助于恢复。游泳不仅是一种有氧运动,同时也可以强壮肌肉。近期的一项研究发现,经常游泳的老年人具有更好的心肺健康和认知能力。

球拍类运动 例如网球,提供竞争的乐趣,也鼓励人们保持活跃,运动时的心理挑战也为认知能力提高带来好处。网球等有氧运动可以降低体脂、胆固醇和患心脏疾病的概率,并改善骨骼健康。同时也能提升手眼协调、运动和平衡能力。不太剧烈的球拍类运动,例如乒乓球,也可以带来认知功能改善的好处。

跳舞 是另一种很好的有氧运动的方式,可以刺激大脑区域内运动控制、平衡和社会交往的神经回路。对经验丰富的舞者的大脑扫描,显示出他们的这些大脑功能比舞场新手更好。但即便是舞场新手也显示出脑力的提升。一项对大龄舞场新手的研究显示,和不跳舞的人相比,他们有更好的认知、运动和感知能力。

干家务 不仅能保持家里整洁,也可以提升心率和大脑健康。哈佛大学的一项研究显示了做家务所带来的身体上的好处。波士顿酒店的清洁人员,体重、血压和身体质量指数都较低,这些人被告知他们的工作满足了美国卫生总署署长对积极生活方式的建议。所以单单知道他们工作的益处就对其健康有真正的影响。在家里做家务是一种健康的体育运动。清理落叶 30 分钟可以燃烧 200 卡路里以上的热量,整理床铺 30 分钟,可以燃烧 100 卡路里热量。

商场购物 可能让你觉得囊中羞涩,但不管你是购物狂还是一个热衷于讨价还价的人,在不同的商店中行走,寻找合适尺寸和颜色的物品所带来的神经刺激,会让你受益于这种有氧运动。购物时可以激活控制记忆、规划、视觉和空间技能的脑区,以及参与社会交往和获得新事物乐趣的神经回路。

当然,过度购物会带来财务压力,进而对大脑产生不良影响。但购买者的懊悔会促使一些购物者回到商店退货,并获得再次逛商场所带来的大脑健康益处。

力量训练:增加肌肉和大脑体积

尽管有氧运动对保持大脑年轻是至关重要的,新的科学证据证实,力量训练可以带来额外的益处。哑铃和举重器械不仅对于20岁的年轻人有效,中年和老年甚至80岁以上的人,也可以通过定期的举重训练增强脑力。可以采用弹力绳或用自由调整砝码的器械,通过抗阻力训练达到目的。这种类型的运动使我们的骨骼更加致密,这对我们每个人年老时都至关重要。骨质密度的增加会降低骨质疏松症的风险,骨质疏松会导致患者甚至轻微跌倒就会骨折。力量训练也能稳定血糖,降低糖尿病的风险及大脑老化的不良后果。

> **用椅子来做运动**
> 这种运动不需要网球场或健身房,就可以增强臀部、大腿、膝盖、小腿和背部的力量。该运动是一项良好的有氧运动。坐在椅子的边缘,背部挺直,双脚打开与肩同宽。将手放置于头后,挺胸,肩膀向后,慢慢站立起来,然后缓缓坐下,臀部向后移动直至碰到椅子。重复4次这套动作,慢慢将量加至20次。

力量训练已被证明能提升情绪。研究人员对91名抑郁症患者进行随机分配,每周进行 3 次有氧运动或力量训练 1 小时。正如预测,有氧组耗氧量增加,力量训练组并没有,但两组的抑郁症状都得到了改善。其他研究发现,有氧运动和力量训练相结合能提高中风患者的认知能力。

一项实验动物的研究通过让实验动物尾巴负重来观察力量训练的效果,结果显示,这些实验动物的的记忆测试分数更好。动物也有类似胰岛素的蛋白质水平升高,可以促进脑细胞生长。

不需要器械的静力锻炼

不用训练带、器械或重量就可以进行静力锻炼。训练使用身体的力量来抵抗肌肉收缩。尝试身体不动的姿势来加强上身肌肉力量(肱二头肌、肱三头肌、胸肌等)。把手掌心左右相抵,放于胸前,呈祈祷姿势,双手用力互推。保持姿势 5 秒钟,休息,然后重复 3 次。

不列颠哥伦比亚大学的特丽莎·刘·安布鲁斯博士和同事们发现,力量训练可以改善患轻度认知功能障碍的老年女性的记忆能力。他们发现,经过 6 个月的力量训练,女性在多项认知测试中的表现要好于没有锻炼的女性。他们的研究还表明,有氧和力量训练可以针对不同的大脑区域。虽然力量训练提高了所有女性的空间记忆能力,那些同时进行有氧运动的人还表现出语言记忆的改善。

许多教练认为,力量训练应包括对抗肌肉群的训练,如肱二头肌和肱三头肌,来减少受伤的危险。进行局部肌群训练法或在不同天数锻炼不同的肌肉群组,可以让你在训练当天把肌肉锻炼集中在特定的肌肉群上,这也给其他肌肉群休息和修复的时间。有些重量训练,每周的一三五训练上身肌肉力量(胳膊、肩膀、背部、胸部),而二四六可以集中训练下肢肌肉力量（大腿、小腿和肌腱）。周日有些人可以通过逛商场来完成锻炼任务，比如我的太太。

当我们提及力量训练时，许多人会想到健身房的大型负重器械，但其实还有其他的选择：

自由力量训练[1]可以让你通过功能性的方式训练特定的肌群，也就是模仿我们现实生活中的动作。虽然负重器械可以帮助初学者增强力量、耐力和正确的姿势，自由力量训练也可以达到这些效果，并且带来更多运动的多样性。如果你从没有使用过这种锻炼方法，可以请有经验的教练演示正确的锻炼方式并避免伤害。美国心脏协会和美国运动医学学院建议老年人每周可以隔天进行 2 次或更多主要肌群的训练。

尝试这些阻力带练习

1. 弯曲二头肌。站在阻力带中心，用手握着阻力带的两端，掌心向前。保持你的手肘固定在你的两侧，屈曲你的前臂，直到你的拳头接近你的肩膀。现在，慢慢地将前臂松开回到身体两侧。重复 4 到 10 次。

2. 上半身下拉。抓住阻力带的两端，双脚分开与肩同宽，脚趾向前。举双手臂过头，然后手臂外拉，形成 V 字，拉紧阻力带。当你把它拉到你的胸前，拉伸带被拉得更宽。保持 1 秒钟，重复 3 次。随着力量增强，逐渐增加重复次数。

利用阻力带的隔离训练[2]可以使用在药店和体育用品店都可

---

[1] 用哑铃、杠铃、实心球、沙袋等练习器材进行的各方面的综合性训练。——译注
[2] Isolation exercise，涉及一个关节的肢体训练。——译注

以购买到的弹力带或皮绳来进行。弹力带的颜色通常意味着它的阻力程度。最好从轻级别开始,随着力量的增加,可以将弹力带对折,或上升到下一个阻力难度。弹力带很容易装在行李箱里,因此对于经常出差旅行的人很方便。

保持平衡

良好的身体平衡感对于任何年龄的人都是至关重要的,但随着年龄的增长,跌倒而受伤的危险性也越高。荷兰调查人员给 116 名排球运动员进行为期 36 周的平衡训练,此后发现他们和对照组相比,踝关节扭伤更少。

保持良好的平衡也是一个重要的认知任务,随着年龄的增长,由于正常的认知能力下降,保持平衡会变得越加困难。研究发现,当年长的志愿者同时接受认知和平衡任务时,他们的平衡能力成绩比只是单独进行平衡测试的成绩差很多。

站直也需要我们有良好的平衡感。当我们站不稳时,大脑会向身体发送即时信息,告诉肌群需要做多少功才能保持我们的直立。平衡性和稳定性的训练有助于将注意力关注到其他认知任务上。

> **火烈鸟站姿**
>
> 做这个平衡练习时,站好并且眼睛盯住视线前的某一点。抬起右脚,伸展双侧手臂来保持平衡。坚持并数到 5,换另一只脚。通过每次增加 5 秒的保持时间来提升稳定性,慢慢增加到 30 秒。想要进一步挑战自己,可以闭上眼睛试试。

太极 是一种流行的运动方式,它的动作缓慢流畅,可以带来一系列的生理和心理好处。除了增加平衡和稳定性外,还可以改善情绪和降低压力水平。针对打太极拳的老年人的研究表明,太极拳可以提高老年人的认知能力。太极拳通过改善血液循环,减少炎症,以及提升脑源性神经营养因子和其他神经元的生长激素水平的作用,来达到保持大脑健康的目的。

普拉提 是一种提高力量、灵活度及协调能力的锻炼方法,主要是加强和调理躯干,包括腹部、背部和臀部等处的核心肌肉群,提供结构支持和帮助身体保持平衡。最近的研究显示,每周参加 2 次普拉提课程,3 个月后能改善平衡能力和体态。开始进行普拉提之前,因为使用的设备比较大,且需要知道如何使用等原因,建议请一名教练或参加训练班。当然也有地板普拉提的练习,很少会用到或基本不用设备,可以在任何地方进行。

平衡球/板 有助于平衡和稳定训练,伸展和加强核心肌肉。这种价格较低的设备通过将不稳定性带入锻炼中,包括俯卧撑和仰卧起坐,帮助我们加强肌肉群,保持平衡。澳大利亚邦德大学的科学家报告说,平衡球训练对下背部肌肉耐力和柔韧性以及腿部的力量和平衡,都有显著的好处。

用阻力带做蹲起动作

两脚分开比肩宽,脚趾向前。抓住阻力带的两端,将双手臂举过头呈 V 字型,将拉紧阻力带。然后慢慢将阻力带下移至胸前,屈膝,慢慢下蹲。当恢复站姿后,将阻力带再次在身体两侧举起过头,重复 5 次。慢慢增加练习的次数。

为了大脑年轻而保持身体健康

- 最重要的是坚持自己的健身计划。这对上至 80 岁、下至 20 岁的人的大脑都有好处。
- 定期的有氧运动会在 6 个月内增加海马记忆中心的体积。
- 确定你的基线水平有助于你选择正确的健身计划和项目。
- 使锻炼趣味化有助于养成习惯。试着保持运动的社交性、竞争性和娱乐性,很快你的大脑和身体会渴望它。
- 调整您的训练计划,避免损伤,这样才能坚持下去。
- 避免创伤性脑损伤——配戴头盔以避免头部受到撞击。
- 定期的有氧运动很重要,但力量和平衡训练也必不可少,可为大脑健康提供益处。
- 将运动融入你的日常生活——爬楼梯,约会的间隙快走,一天中在休息时做做伸展运动和锻炼。

瑜伽 是一项古老的运动方式,包括姿势、呼吸练习和冥想,可以改善心血管功能和提供力量训练。科学家们证明,这种锻炼方式有助于保持大脑的年轻和健康。最近一项研究评估了瑜伽对大脑海马记忆中心的影响。7 名年龄较大的健康志愿者参加了为期 6 个月的瑜伽班,之后这些人的海马记忆中心体积明显变大。另一项研究发现,与对照组相比,练习瑜伽超过 5 年的人,其大脑灰质(包括神经细胞体的大脑外缘)比对照组要大。瑜伽从业者也表现出更好的认知能力。

脑筋急转弯答案

128 页：

　　如果你正确地解读这四个词，你会发现第二个词，俯卧撑 (PUSHUPS)，是正确答案，因为慢跑、游泳、步行和骑自行车都是有氧运动形式。

第七章　好朋友造就快乐神经元

除了狗,书是人类最好的朋友。在狗肚子里,太黑了什么都看不见!

　　　　　　　　　　　　　　　　　　——格劳乔·马克思

　　当我离开洛杉矶去另外一个城市做住院医师时,我周围没有几个熟悉的人。我花费了一些时间认识了一些朋友,建立了一个新的社交圈。一旦新的社交圈建立之后,我觉得更开心,也更有成就感。结交新朋友后,我不再有孤独的感觉。

　　与他人保持密切关系是人类的一个基本需求。和家庭成员及朋友保持互动不仅可以延长寿命,也可以让大脑保持活跃和年轻状态,降低将来发生认知功能下降的危险。在工作中和同事保持交流也有助于保护大脑。在法国有近50万人参加的一项研究显示,延迟几年退休可以减少罹患阿尔茨海默病的危险;65岁退休者,痴呆发生率要比60岁退休者低15%。

　　与他人的交流既影响大脑也影响身体健康。当我们拥抱密友或和挚爱接吻时,心率会加快,会体验到爱的感觉。社会纽带和归属感可以增加脑内催产素的释放,而催产素是大脑分泌的最有效的提升

143

愉悦感的激素。

脱离自己习惯的社交纽带会损害到精神健康,长久的离群索居会令人疯狂。监狱中单独监禁的犯人和参加研究体验隐居生活的受试者,可出现具有幻觉和妄想的精神病。当一个人被剥夺了真实的人际关系时,大脑就会产生虚幻的念头。

从婴儿期开始,我们与人亲密接触的经验塑造了我们的大脑发育。那些摄入营养足够但未得到母亲拥抱和关爱的婴幼儿,大脑发育常常是延迟的。早年被隔离或者被家人忽视的经历,常常是成年后情感障碍和认知损害的主要原因。最近的研究显示,早年隔离延缓了发育脑区之间的交流,这是由于阻碍了包裹在神经元连接上的髓鞘的生长,而神经元连接沟通不同的神经元,对学习能力来说非常关键。

隔缘作用的髓鞘

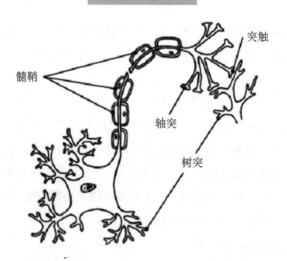

这些起隔缘作用的髓鞘主要存在在大脑的白质区域,允许突触之间,或者说一个细胞轴突(细胞胞体发出的长突起)与下一个神经细胞树突(细胞胞体接受的短突起)间隙间电信号的传递。没有足够

的髓鞘作为隔离体起保护作用，这些电信号就会漏到细胞外，减慢神经细胞间的信息传导速度。髓鞘变薄或者受损可影响思维能力，损害记忆功能。

被人忽视的小孩，其负责决策的大脑额叶白质区域髓鞘含量较少。被隔离的实验幼鼠成年后，其认知功能明显受损。与未被隔离的幼鼠相比，这些被隔离的实验鼠大脑细胞突出减少，神经轴突上的髓鞘更薄。

人类的大脑已经进化，使我们适应社会生活。我们的祖先通过形成和保持社会关系获得进化优势，群居能够比个体更好地抵御捕食者，寻找食物和居所。经过数十万年的进化，更适应社会、适应群体生活的人们培育了这一生存优势，并编码进了他们的基因，嵌入了他们的大脑。

具有社会性的大脑

一个整合研究领域，被称为社交神经科学，开始揭示控制人际关系的复杂大脑神经回路。这个领域的研究通过交谈、肢体语言及肢体接触的方式阐明人与人之间为什么要交往以及如何交往的问题。

弗吉尼亚大学的心理学家詹姆斯·科恩博士和他的同事研究了和配偶牵手对大脑的影响。研究者用头颅 MRI 扫描来记录大脑对小电流电击产生的变化。他们发现牵着配偶的手后，再予小功率电流电击，其额叶未能出现对疼痛的反应活动；大脑的下丘脑——控制压力激素释放的脑深部组织，活动性也下降。研究者发现婚姻牢固的志愿者，配偶的握手具有强大的抗焦虑作用。当志愿者握着陌生人的手时，其大脑的压力反应并没有减轻。这个研究结果说明握着你挚爱之人的手对控制压力的大脑深部组织有深远的影响。

每个人和朋友及认识的人保持联系的能力均不同，有些人很容易和其他人交往,有些人则困难得多。极端的是那些患有自闭症的人,他们不能与人进行交流及与他人建立有意义的关系。自闭症患者拒绝和他人眼神接触,羞于与人面对面地交流。眼神的直视既可以表示亲密也可以表示挑战和威胁,自闭症的患者不能理解这些非语言信息的含义。

威斯康辛大学的科学家利用 MRI 研究了自闭症者的大脑结构特征。他们着重研究保持眼神接触与杏仁核大小之间的关系,杏仁核是大脑中控制情感的部位。研究发现自闭症患者的杏仁核体积明显小于正常社交能力者,而且自闭症患者不能保持眼神接触。自闭症患者的兄弟姐妹也有某种抗拒眼神接触的表现,说明自闭症有基因因素的影响。

我们的意识有趋众性,当别人冷落我们时,我们会有被排斥感,就如同生理痛。目前有几个大脑区域被确认和失去一段人际关系后的情绪反应及生理疼痛均密切相关。密歇根大学的研究者发现,一段浪漫感情破裂之后,人们产生的被抛弃感所激活的大脑区域,与生理痛的大脑活跃区域为同一区域。利用 MRI 技术,研究者扫描了 40 名被伴侣抛弃者的大脑,同时给予轻微躯体疼痛刺激,大脑躯体感觉皮质(靠近大脑顶端)和岛叶(前额叶区)无论是因为这段情感痛还是生理痛,都受到影响。

和朋友一起可以活得更长久更聪明

社交活动可以促使大脑释放催产素,一种由垂体后叶分泌的激素,可以缓解压力。女性比男性更喜欢社交活动,对催产素的作用更为敏感。不论什么年龄,这个促进社交、令人感觉愉悦的激素都可以减轻压力。

花一些时间陪伴家人和朋友,可以增加脑内催产素水平,缓解压力和紧张。找个机会说出令自己困惑的问题有助于兼听则明。与人的互动可以降低体内皮质醇及其他致紧张激素的水平。低压力和低皮质醇水平可以降低患阿尔茨海默病、心脏病及糖尿病的危险性,而这些疾病均威胁着我们的精神健康。

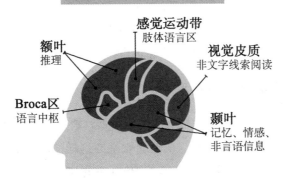

谈话期间大脑的锻炼

额叶
推理

感觉运动带
肢体语言区

视觉皮质
非文字线索阅读

Broca区
语言中枢

颞叶
记忆、情感、
非言语信息

当我们和他人关系密切时,我们会感觉愉快而且会寿命延长。哈佛大学的学者发现,花时间和家人朋友在一起的人的预期寿命更长。这些学者对接近 3000 名老年人做了 10 年的跟踪随访,通过计算他们花费在与他人进餐、参加团队性的运动和游戏及其他社交活动上的时间多少来进行分级分析,发现参加社交活动较多的老年人预期寿命延长的几率增加 20%。

当我们花时间和别人在一起时,我们会有归属感,不容易感到孤独。友善的关系有助于提高自信感和自尊。和朋友聊天同样也给大脑一个锻炼的机会。当你在琢磨要说什么或者考虑对方刚刚说过的事情时,就在动用大脑不同区域的神经细胞。简而言之,讨论的过程就是锻炼控制语言和思维的额叶部位的神经通路,同时也锻炼内侧颞叶的记忆中枢。你也可以通过保持眼神的接触和观察肢体语言来对非言语信息做出反应,这些非言语信息可以激发大脑颞叶及视皮质活动,你自己的非言语信息的表达也激活了大脑顶端感觉运动带的活动。如果讨论热烈，大脑的颞叶情感中心即杏仁核也会活跃起来。

奥斯卡·伊巴拉医生和同事着重研究在热烈的讨论过程中大脑的认知能力发生了什么变化。将观看喜剧的回放作为对照组，短短10分钟交谈可以显著提高记忆能力，加快认知信息的处理速度。坚持多年的会话交流是保护大脑健康的关键措施，因为保持社交活动可能会减慢年龄相关认知功能的下降趋势。大规模的纵向研究显示，避免孤独生活可以使痴呆发生的危险率降低60％。

与"积极"的人保持联系

埃伦把车倒出车库时她已经快迟到了。她希望她之前没有答应去参加辛迪和罗恩的晚宴。辛迪喜欢举办这样的晚宴活动，也是第一个说"她认识每一个人"的人。埃伦能够肯定的是，他们一定会安排她坐在某一个单身男士的旁边，某个他们认为可以吸引她的男士。她的朋友都很友善，但自从两年前她丈夫布鲁斯过世之后，他们会花很多时间陪她共进午餐、购物、参加聚会来让她散心，但埃伦发现她逐渐厌倦了这些活动。

当埃伦到达辛迪家时，其他人已开始进餐。毫无意外，她被安排在辛迪和一位名叫菲利普的男士中间。相互介绍之后，菲利普就开始询问她的工作。当她告诉他她管理一家画廊时，他迫不及待地夸夸其谈他刚刚为他新买的一幢海边别墅添置的艺术品，以及他多么喜欢开着他的梅赛德斯敞篷车到别墅度周末。他说她应该找个周末和他一起去他的别墅看看他的收藏。埃伦在心里决定她绝不会接受他的邀请。

回到家后，埃伦感觉情绪低落。不论她如何努力，她仍旧感觉不到她和其他人有联系，即使是和辛迪及罗恩。幸运的是，她现在住的城市和加州有3个小时的时差，这个时间住在加州的罗斯，她的大学同学和闺蜜，还没有睡觉。虽然她们俩几年未见，但每次电话聊天都好像时光依旧。当埃伦把晚宴上碰到的菲利普的新海滩别墅和梅赛德斯敞篷车告诉罗斯时，两个人都捧腹大笑。罗斯实在不能想象埃伦当时是如何板着一张脸的。

每次和罗斯聊天，埃伦都很开心。她不需要摆出一副笑脸，也不需要把她对布鲁斯的思念藏在心底。当她们结束通话前，罗斯提醒她即将到来的 40 周年大学同学聚会，坚持让埃伦到洛杉矶时住在她家。埃伦说她不打算参加聚会，因为布鲁斯不在了，她不想用整晚时间和每个人解释到底发生了什么。

罗斯没有理会她。她说即使布鲁斯走了，埃伦还得继续生活下去，人生还能有多少次同学聚会？而且，埃伦难道不想看看她以前的男朋友中有多少人会发胖和变成秃头？埃伦被说服了。花时间和罗斯在一起会很愉快，另外外出几天对她也有好处。

当她的出租车停在罗斯家前门时，埃伦开始紧张起来。多年不见，现在住在罗斯家，会不会感觉很奇怪？她是不是应该订个酒店房间？罗斯推开大门，抓住埃伦并紧紧拥抱了她。两个人喜极而泣，埃伦的顾虑也烟消云散。她们一直嬉笑聊天，直到凌晨 2 点才爬到各自床上睡觉。

四天的团聚，罗斯和埃伦度过了一段美妙的时光，仿佛回到了过去，回到了大学生活。她们一起去博物馆，看有字幕的电影，穿着睡衣伴着经典老歌翩翩起舞。当然，同学聚会也是非常开心的。

在回去的航班上，埃伦在座位上安顿下来，开始看电影。当看到一个有钱的中年男人为了不失去继承权拼命想找个妻子的搞笑情节时，埃伦顿悟了。布鲁斯走后带来的孤独感，并不说明她没有和别人交流的能力，而是她不喜欢和她自己选择的这些人交往。她把时间浪费在辛迪的晚宴及辛迪夫妇的朋友圈的虚情假意上。她最迫切需要的朋友是罗斯那样的人——有知识和文化，有趣也很容易相处的人。

好友和损友

很多人都会保持着一种不太值得的朋友关系。要想了解哪一种友谊或者朋友关系是你最看中的,最想维持的,可以问问自己以下几个问题:

- 当你需要帮助时,你是不是会毫不犹豫地向你的朋友求助?
  - ☐ 是　　☐ 否

- 当你向你的朋友寻求帮助时,你的朋友是不是伸手援助了?
  - ☐ 是　　☐ 否

- 你和你朋友有很多共性的东西吗?
  - ☐ 是　　☐ 否

- 这个人是不是很少八卦?
  - ☐ 是　　☐ 否

- 你是不是会和这个朋友谈你自己很隐私的事?
  - ☐ 是　　☐ 否

- 你们俩是不是几乎从来不争吵?
  - ☐ 是　　☐ 否

- 你朋友是不是很诚心地说你是一个好朋友?
  - ☐ 是　　☐ 否

- 你认为这个朋友是个很善良的人吗?
  - ☐ 是　　☐ 否

- 你朋友是不是很少做对你或他人不友善的事情?
  - ☐ 是　　☐ 否

如果你有几个问题都是回答"否",那你应该考虑减少和这个朋友在一起的时间,多尝试和其他人交往。

回到家后,埃伦努力让自己参与各种新的活动项目。她和在画廊认识的人交谈并保持联系,参加高尔夫课程,在现代博物馆做义务讲解员。

当辛迪再次邀请她去参加晚宴时,埃伦有礼貌地拒绝了。那个晚上她要主持一个读书俱乐部的活动。辛迪想知道是谁的读书俱乐部。埃伦告诉她说:"我在博物馆认识的人,我相信你不认识她。"

共同的兴趣可以加深彼此之间的联系。对埃伦来说,和缺乏智力启发的人交往只能让她感到孤独和寂寞。社会科学家解释了为什么亲密的朋友倾向建立一个自己的"小圈子"。对大多数人来说,这个小圈子可以维持多年,即使小圈子内的人员可能会发生变化。定期盘点小圈子里的朋友也有助我们把时间花在我们真正关心的人身上。

好习惯是可以相互感染的

共同的兴趣、共同的特质把人们聚集在一起。我们常常会在工作、聚会场合甚至周围邻居中结识到朋友。大家常常因为相同的观点、相同的兴趣爱好而互相被吸引。当然,人们也喜欢和兴趣不同、特质相反的人交往,但是为了大脑的年轻和健康,应该多和关注健康的人交往和交谈,这有助于我们接受和保持健康大脑的生活习惯。你最好的朋友是喜欢跑健身房还是宁愿喝啤酒看体育节目,将决定你消磨时间的方式的不同。

苏珊,一位56岁的办公室经理,在网球俱乐部遇到了汤姆,一个律师。他很迷人也很风趣。她喜欢听他聊他经手的那些不寻常的案子。汤姆是她两年前离婚之后遇到的最有趣的人。

苏珊喜欢运动。两个人约会之后,汤姆也开始打网球和慢跑,这是她最喜欢的消磨时间的活动。但是,慢慢的,这些户外活动就被他那些律师兄弟组织的夜晚聚餐和聚会所取代。

苏珊喜欢和汤姆在一起，但是随着他们在一起的时间越来越多，她打网球和锻炼身体的时间越来越少。他们深夜的约会也打乱了她的睡眠，她开始发胖，也有几次上班迟到。

一天晚上，当两个人在汤姆最喜欢的意大利餐厅共进晚餐之后，他提议去附近一个酒吧找他的几个朋友喝酒聊天。苏珊说她晚上已经喝得太多，而且第二天早上她得早起上班。她提议第二天下班后一起去跑步。汤姆却很抵触，他不认为他喝得很多，而且他一直以为她也很喜欢他的朋友们。因为不想争吵，苏珊让步了，同意和他一起去酒吧。

第二天早上，苏珊毫无意外地因为宿醉晚起，上班再次迟到了。她意识到她和汤姆的关系不能在这样下去了，她让他做个选择：要么两人减少去参加聚会的次数，要不就分手。汤姆再次否决了她的建议，说如果她想分手，他同意。

苏珊很伤心，也很想念汤姆，但她还是坚守自己的观念。她不能以这种方式来维持两个人的关系。这不仅对她的健康没好处，也影响了她的职业发展。

几周之后，汤姆重新出现。他和她道歉，并且说他很想她。他准备洁身自好，并且提议那个周末出去打几场网球。苏珊同意了，并且在运动后出钱买了饮料，当然是不含酒精的饮料。

有时候，一段关系刚开始建立起来时是很美好的，但慢慢地就会被忽略和破坏。"有毒"的关系会搞乱人的生活，导致挫败感、愤怒和负罪感。维持一段甚至更多"有毒"的友谊，可以使深陷其中的人不堪重负，生活混乱。

调整及掌握倾听技巧

在交谈中,不能及时回答对方的问题或者不能接上话的原因之一是注意力不集中。这儿有个小练习可以帮助你提高注意力,避免分散思维,掌握倾听的技巧。最好是在和密友或者伴侣交谈时进行训练。不会花费很多时间,但确实能提高你的注意力,并且让他人知道你在倾听他们说什么。

要求你的同伴讨论一个有关个人方面的问题——可以是最近遇到的问题、长期的困惑或者即将发生的事等。告诉你的同伴着重感受的叙述,不要带着批评的态度,轮到你发言时也是采取同样的方式。避免人身攻击有助于降低同伴的防御心态,帮助倾听者更加关注于了解事情的整个经过。给自己设置2分钟的时间听同伴的倾诉。

在倾听时,不要打断同伴的诉说,也要保持眼神的接触——这有助于你自己集中注意力。你的思维可能会发散,你也可能会被同伴的诉说内容所打动,但尽量忽略这些分心的想法,继续关注同伴诉说的事情。

2分钟后,重新设置2分钟,角色互换,你是叙述者,你的同伴是倾听者。诉说的内容可以是同样的话题,也可以是完全不同的另一个话题。当你自己作为叙述者时,也要集中表达自己的感受,避免批评。

最后一步是两个人谈论一下对这个练习的感受和体会,比如是不是让你们更亲密?还是感觉沮丧,或者感觉愉悦?

我们常常只是因为惯性而与他人维持着不健康的友谊关系。和熟悉很多年的人断绝往来常常会令人不舒服,在你没有觉察的时候,那个人带来的负性影响已经在不知不觉中影响到了你。及早认识到不健康的友谊关系并及早从中解脱可以减轻压力，给你留出更多的时间经营健康的友谊关系。

生活中，还是有机会修复一段不是因为"有毒"而是单纯因为时间而淡化的友谊关系的。若某个人在过去对你的人生产生过积极的影响，你就会觉得这段友谊是值得花时间去修复的。当你选择维持一段关系时，专门留出时间多聚聚，分享自己的感受还是很有帮助的，同时也可以解决分歧和争议。

有同理心的大脑

通过数十万年进化，大脑已发展成一个能够帮助人们相互理解的精细复杂的神经系统，具有想象和感受他人情感的能力——我们称之为同理心。这是将人们联系起来的一种强大的认知能力，而这些社会联系也有利于大脑健康。

我们从出生起就具备同理心（感情共鸣），但需要经过不断的训练，这些能力才能日益完善。研究者发现当我们年轻时，我们很难对一件事感同身受。圣地亚哥州立大学的科学家为了研究青少年"感同身受"的能力，要求他们观察各种面部表情，这些表情分别代表不同的情感状态。与其他年龄组的青少年相比，11—12岁组的少年需要花最多的时间来分辨这些面部表情所代表的内心情感。

伦敦大学学院的萨拉-杰恩·布莱克墨博士和同事的研究也证实，同理心，如同上等葡萄酒，会随着年岁的增加愈加醇厚丰满。他们同时也明确了涉及同理心反应的大脑部位。科学家扫描了11—17岁青少年的大脑，将它们和21—37岁成人的大脑做比较。在扫描过程中，志愿者被要求制定每天的日程计划，比如什么时候吃晚饭，早上几点起床，几点去学校或者单位。两组在处理这些决定时，其大脑活跃的部位不同：青少年是激活颞叶（在颞部），而成年人组则是通过前额叶皮质中的一个监测决策对他人影响的部位活动来完成。研究者同时观察志愿者是否能快速判别他们的决定对他人造成的影响。结果显示,年龄大的志愿者由于其额叶决策能力发育完全,可以更快速地回答这些问题

评定你的同理心

一些人生来就更容易有同理心。他们可以更好地理解别人的感觉和观点,并且能很好地表达自己。回答下列问题,看看自己目前"感同身受"的能力。

- 当人们在谈论他们的感受时,你会不会感到很无聊?
  □ 是　　□ 否
- 你是不是觉得迁就别人的兴趣爱好是一件困难的事?
  □ 是　　□ 否
- 当朋友冒犯你时,你是不是宁可绝交也不愿坐下来讨论分歧?
  □ 是　　□ 否
- 你是不是认为谈论自己的感受是一件很困难的事?
  □ 是　　□ 否
- 当涉及私人问题时,你是不是常常转换话题?
  □ 是　　□ 否
- 当你感觉沮丧时,你是不是宁愿独处也不愿意和朋友交谈?
  □ 是　　□ 否

当你对其中一个或多个问题问答"是",专注于提高同理心的技巧训练可以改善你的社交关系和大脑健康。即使在这个测验中你得到很高的分数,增加自己的同理心技巧仍然可以改善你的人际关系,而且物有所值。

在阿曼森-拉芙莱斯脑图像中心,UCLA 的研究人员利用 MRI 来明确大脑同理心的位置。志愿者在脑扫描进行的时候,观察照片上各种表情,开心的、悲伤的、惊讶的,或者其他情绪,同时被要求做出同样的表情。科学家发现,观察表情和模仿表情所激发的是大脑的同一部位——岛叶。

这个位于大脑颞叶和额叶交接处的椭圆形的区域把我们外部世界的经验转化成内心的感受。在本项试验中,模仿表情时大脑岛叶的活跃度明显高于观察表情时。

为了更好地感受同理心的影响作用,伦敦大学学院神经病学研究所的塔妮娅·辛格医生及其研究团队研究了恋爱中的情侣。他们记录了其中一位接受小电击时的大脑活动图形,及其在看其伴侣接受同样小电击时的大脑活动图形。研究者发现大脑的岛叶及前扣带回(位于额叶)均被激活——不管是在受电击时,还是相信其伴侣同样在受苦时。

与具有同理心的榜样一起成长是提高同理心最有效的方法。在过去的日子里,我们经历欢乐,体验悲伤,这也使得我们很能理解那些有同样经历的人。除了随着年龄的增长获得的情商,掌握以下两个基本技巧,可以让我们很快提高同理心。

- 注意聆听。常说最善于交流的人往往是那些知道如何倾听的人。集中注意力,撇开令人分心的事,如电话及其他杂事,是非常重要的。不要打断发言者的谈话来表述你自己的感受和观点。

- 表达理解。当别人表达自己的感想后,你的及时回应和反馈是同理心表现的最好方式。通过复述他人的观点来说明你接受他的观点。你可以用简单的语句比如"我不知道我是否可以……"表述,你可以接下去问一些问题以得到更多的细节,这显示你的兴趣和接受。

 简明同理心练习

你朋友告诉你下面这件令人讨厌的事情：

"我丈夫真的惹恼了我。我看到他就一肚子气。我不能忍受他不来陪我,而是花很多时间和他的那些高尔夫球友混在一起。我的生日也忘了送我礼物。我确实还爱着他,但我们之间已没有了浪漫。"

在接话之前,思考一下你该如何回答。

有几种选择：

主动给予建议。"你这样批评他太过分了。我知道他很爱你,没有一种关系是完美无瑕的。"这种不请自来的建议通常不受欢迎。如果你和朋友讲大道理,她是感觉不到支持的。希望搞定别人的问题,往往是因为这个争论引起了我们内心的焦虑。

分享你自己的经验。"我很能理解你的感受,我前夫是个混账——他的工作永远比我们的婚姻重要。"你试图通过分享自己相同的经历帮到朋友,但时机不对。你把关注点转到你的问题上了,好像暗示你的婚姻问题解决方案也适合于你的朋友。

反射和镜像。"我确实不知道你会有那种感觉,我知道你很沮丧和生气。和我说说事情的经过吧。"这是同理心的表达方式。复述你朋友的感受说明你在听她倾诉,也意味着你感兴趣和关心。

幽默是人际关系的润滑剂

痛快的笑不仅可以放松神经,也可以增进健康并有助于和他人进行良好的沟通。诺曼·卡森斯说过观看《麦克斯兄弟》及其他喜剧可以帮助他与强直型脊柱炎——一种痛苦及预后差的关节疾病做斗争。社会科学家正在揭示幽默如何将人们联系起来,并化解彼此之间的争吵和争议。

心理学家爱丽丝·艾森博士和同事发现,观看电视花絮中的幽默小片段,有助于人们找到解决问题的创造性方法。别人的幽默笑话,能够引发我们对人生、人际关系及其他话题的理解和感悟。

知道何时需要幽默

虽然幽默可以使人放松,将周围的人吸引过来,但幽默也要看时间和地点。想要知道一个玩笑或者幽默是有助于还是有损于对话,可以问一下自己下面几个问题:

- 你或你朋友现在的非语言信号表达的是善意还是敌意?
- 你朋友和你的幽默水平是否在一个频道?
- 你在说幽默故事时自己是不是镇定自若?
- 你的幽默或者玩笑表达正向情感,还是表达愤怒的情绪?
- 你针对某人开的玩笑是不是会冒犯你的朋友,产生代价?

当我们和其他人一起对同一件事都感到好笑时,说明我们以相似的方式看待事物。以这种方式,幽默可以传达不同观点,帮助人们缓解争议。

开玩笑可以促进大脑健康,类似于大脑以一种新颖和娱乐的方式做健美体操。对大脑的研究显示,当我们因为一个幽默故事大笑时,脑内神经元的交流会形成一个复杂的网络。大笑可以激活大脑的多巴胺奖励系统,同时激活左侧大脑半球网络系统,帮助解决玩笑中显示的不合逻辑的问题。

幽默可以通过缓解压力而使我们的大脑保持年轻。观看半小时电视喜剧可以降低血液中与压力相关的生物学指标的水平。大笑可以削弱饥饿感,控制食欲,从而达到控制体重的目的。

性、爱和脑健康

性生活可以增加两个人之间的亲密度,保持大脑年轻。动物研究证实,性生活可以减缓压力并刺激海马记忆中枢的细胞生长。

普林斯顿大学与克莱蒙特学院的贝妮德塔·柳娜及其助手在对成年大鼠海马神经细胞生长的研究中发现,每次性活动后大鼠(连续14天每天一次性交活动)的海马部位神经元数量立即增加,两周之后神经元细胞甚至更多,并生长出新的树突。

健康的性生活不仅令人感到愉悦,也有助于延长寿命。在一项10年的纵向研究中,英国布里斯托大学的乔治·戴维·史密斯教授发现性高潮次数多的男性,其死亡率可下降50%。性兴奋和性高潮可以释放激素 DHEA,一种 30 岁后体内就开始减少的激素。DHEA具有保护心脏健康的作用,这也解释了为什么愉悦的性生活可以延长寿命。性生活和性高潮时体内释放的内啡肽和其他激素也可以使人放松下来并有助于睡眠,这些均促进了脑健康。

活跃的性生活也可以提高机体抵抗感染的能力。免疫球蛋白 A是机体抵抗感染性疾病的抗体。一项针对大学生的研究显示,与没有性生活的大学生相比,一周有一或两次性生活的大学生,其血液中免疫球蛋白 A 的水平上升 30%。

如果你现在的性生活频率不如之前,也不用担心——几项研究显示,没有实际性行为的爱抚也有助于大脑和身体健康。单纯的拥抱也能降低血压。研究发现,配偶间的握手和拥抱可以缓解紧张。另一些研究指出,恋爱中的男性心绞痛的发生率低,心绞痛是由于心脏缺乏血液供应所致。

作为激素和神经递质的催产素,有时也被称为"爱"的分子,有助于加强人们彼此之间的联系,提高信任感及亲密感。当我们在握手、接吻、搂抱及性欲勃发时,大脑催产素就开始释放,血液内催产素水平明显上升。连同多巴胺和去甲肾上腺素,催产素在配偶关系上发挥更大的作用。它也可以减轻恐惧感、疼痛及压力。

新科技有助于我们保持更紧密的友谊

在过去的二十多年,大量高新科技的应用将我们和朋友、家庭及亲友紧密联系起来。台式计算机、智能手机、平板电脑及其他辅助设备已成为提高工作效率及扩大社交活动范围的基本工具。

不久之前,如果你想联系办公室的某个人,你也许会打她的固定电话。她可能会立马回复你,但也有可能电话占线,或者她不在。现在,你可能会先打固定电话,留下语音信息,然后拨打她的手机,再次留下语音信息。你也可以发短消息、邮件、即时通讯,或者通过脸书(Facebook)联系她。但是如果上述方法都联系不上,那你也只能采取在学校时的方法,穿过大厅到她的办公室找她。

我们的大脑是很勇于尝试新技术的,但是各种脉冲信号、嗡嗡声往往使我们分心,不能集中注意力于工作中,同样也会影响面对面的交谈。我们应该采取措施,避免现代技术影响到我们的线下生活,在社交场合将设备置于静音或者关闭状态。

虽然智能手机和电脑可以让我们随时随地与世界各地的人们交流,但我们应该留意所有这些交流手段的利弊,我们发的短信或在互联网上发布的信息,其实都是公开的,不同的人对信息的理解也不尽相同。来回多次一连串的邮件并不是解决复杂人际问题的好办法。大多数人都会同意,通过短信或者脸书来终止恋爱关系不是一个好方法。

虽然视频会议相当接近于人际互动的二维版,但毕竟不能和坐在桌旁面对面的交流产生相同的效果。

面对面的交流仍旧是传达情感、同理心及肢体语言的最好方法。但是,在当今忙忙碌碌的现代社会里,常常不易实现。随着越发强大的 wifi 和宽带连接,以及高新技术的发展,比如 3D 影像和虚拟现实技术,我确定将来互联网交流会更有吸引力,也更有现实感。

 有助大脑保健的健康关系

- 和家庭及朋友保持联络,因为社会纽带有助于强化大脑细胞的关联。

- 会话是脑力健身操,可以强化神经元网络。每天就感兴趣的话题展开讨论,有助于保持神经环路的敏锐性。

- 因为好习惯具有传染性,多和重视健康的人在一起可以促进大脑及身体健康。

- 远离有"毒"的关系,你可以用更多的时间和你喜欢的人在一起。

- 当你在听别人说话时,要集中全部注意力。不要试图打断别人的话,也不要误解别人的感受。

- 同理心是有效的社交技巧,是可以学习和提高的。尝试不以批判的态度来分享你的感想,让你的朋友知道你懂得他们的感受。

- 幽默可以舒缓紧张氛围,拉近和他人的距离,但要注意时机和场合。避免那些表达怨恨和愤恨的黑色幽默。

第八章　注意服用的药物

仔细阅读健康类书籍，否则你很有可能死于印刷错误。

——马克·吐温

　　我参加过许多有关记忆和老年化的学术会议，在会议上可以遇见很多来自世界各地的专家学者，了解到很多学术观点和见解。我们之间的讨论有时可能会达成新的合作意向和研究，取得新的科学进步。

　　在其中一次讨论会上，针对轻度记忆减退会影响几乎45岁以上的每个人的话题，与会者展开了热烈讨论。大多数参与者是来自研究机构及大学里的医生，少数来自制药企业，只有一位参与者是来自美国食品药物监督管理局（Food and Drug Administration，FDA）的官员。我很开心有来自FDA的官员参加会议，因为这是一个决定一种新药是否符合推向市场的标准政府部门。

　　有人问FDA是否曾经批准过治疗轻度的与年龄相关的记忆障碍的药物，比如一种可以帮我们想起某个人的人名或者我们把钥匙放在何处的药物。每个人都对这种"聪明药"被批准存怀疑态度。但这个孤独的 FDA 官员却有不同的见解：一种药物不是针对阿尔茨海默病或者其他脑疾病，并不意味着它就不能因为治疗其他年龄相关症状而获得批准。大多数人不都是通过戴眼镜或者隐形眼镜或者激光手术(LASIK)来改善下降的视力吗？年龄相关症状不是病，但我们仍旧需要去治疗它。

安慰剂效应

FDA 对药物和设备有特殊的管控要求，以判断一种药物是真实有效，还是单纯的安慰剂效应。在一种药物被批准之前，必须有双盲、安慰剂对照的临床研究以确保其安全性和有效性。这意味着进行研究的医生和入组的患者均不了解谁使用了真正的药物，谁服用了无药物活性作用的安慰剂。

很多医生在临床中发现，至少在短期内，安慰剂也会让我们感觉良好。一项针对医疗学术中心的内科医生的调查显示，几乎一半临床医生开过安慰剂处方，其中 96％的人认为安慰剂也有治疗效果。一些专家甚至认为安慰剂的临时效果可达到 30％。

安慰剂的生理作用在脑扫描中也可以体现。密歇根大学的托尔·瓦格医生和同事对那些相信自己在服用止痛药但实际为安慰剂的志愿者进行了脑 MRI 扫描，其大脑控制疼痛的区域脑活动是下降的。

但是这种真实安慰剂效应持续时间很短。在一种治疗阿尔茨海默病药物的首个临床研究中，服药 6 周后的数据分析显示，药物组和安慰剂组的疗效是相同的。6 周之后，安慰剂组患者情况开始恶化，而药物组症状有所改善(见下图)。

至于安慰剂为什么在前 6 周有效，也有几种解释，可能是患者和照料者认为"新药"应该有效，或者在药物临床试验早期，医生及护士

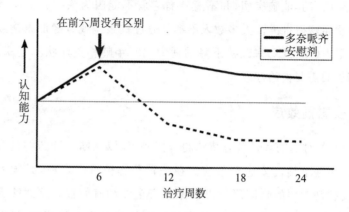

会在患者身上花费较多的时间让患者感到很满意。如果研究就在6周时结束，研究者可能就会得出药物不比安慰剂疗效好的错误结论。

和你的医生交朋友

虽然年龄是慢性疾病及痴呆的危险因素，但现代医疗技术及药物的应用使得很多老年人寿命更长、身体更健康而且更有活力。关注我们自身的身体健康也有助于我们保持大脑的年轻，因此和一个自己信任的医生保持良好关系是十分重要的。

传统上，医生对患者多表现为家长式的监督指导态度：医生的行为举止如同家长一样，告诉患者什么是应该做的，然后患者只要遵照医生的命令(医嘱)去做就可以了。现在，这个父权主义医患模式已被逐渐放弃，取而代之的是强调患者的自主性并与医生共同决策的模式。患者本人成为有医学知识的消费者，其价值观和观点也被纳入医生的评估和治疗计划之中。

互联网和其他媒介的崛起及广泛应用，提供了最新医疗研究、药物及保健品的信息,使得当今的患者成为更加理性的健康服务消费者。在医生从医疗专业期刊上获取某些医疗领域突破性的进展信息之前,患者常常早已得知。2014 年,皮尤研究中心的互联网研究项目(Pew Research Internet Project)指出,87％的美国成年人使用互联网,其中 72％的人在过去一年中曾利用互联网查阅过医疗健康信息。超过一半的互联网搜索者会在利用互联网知识自我诊断后向他们的医生寻求帮助。其中最大的挑战是如何在网络中找到有价值的信息,你的医生可以帮助你解读网上获取的信息,帮助你区分哪些信息是真实有用的,哪些只是炒作。

和你的医生一起讨论诊断及治疗方案的利弊,共同参与治疗方案的制定,这是个好主意。有些人还是抱着传统的"家长—孩子"式的医疗诊疗模式。当医生指责患者的不健康生活方式及习惯时,患者就会拒绝向医生坦率表述自己的想法,担心提出自己的不同观点会冒犯医生。而另一个病人担心自己不用医生的处方药会让医生失望。因为你的身体健康会影响你的大脑健康,因此要克服这些恐惧和顾虑,努力和医生交朋友。

到医院就诊前做好准备工作,可以最大限度利用相对来说很短的就诊时间。为了保证就诊时能够得到答案,你可以在就诊前写下想询问的问题。当然,如果你对在网上或者报纸上看到的医疗信息有疑问,也可以将这些信息打印或复印下来,带给医生看,让医生帮助解惑。你的医生也会要求你将目前在服的药物都带过来,以便检查是否存在有害的药物间相互作用。要确保你在就诊时向医生说明你现在的饮食习惯、锻炼方式、存在的压力及认知问题。

就诊清单

☐ 提前准备你想询问的问题,列个清单,就诊时携带它。

☐ 将和自己疾病相关的文献复印下来,就诊时带着它,和医生
一起探讨。带上你现在服用的所有药物或者药物的清单,方
便你的医生评估并帮助你避免有害的药物间相互作用。所
有药物既包括处方药,也包括非处方药和保健品等。

☐ 和医生探讨与健康有关的非医学问题,包括锻炼、饮食及
压力。

☐ 如果抽血并做了其他诊断性检查,要主动了解结果。如果没
有第一时间从医生那儿得到回复,应该打电话咨询。

治疗躯体疾病可以保护你的大脑

躯体疾病中比如肺炎、流感、贫血、甲状腺疾病甚至尿道感染,都
会导致短暂意识模糊或者记忆丢失。当我在评价一个人的记忆功能
时,我会查阅这个患者的整个病史,以排除那些可能影响脑功能的疾
病。虽然大部分疾病的病因通过体格检查和实验室检查基本都可以
明确,但有时候患者往往不遵守医生的治疗建议。

查理是这些患者中的一员。他现在很期待他的 70 大寿,他对他
的身体状况也很自豪:体型保持很好,没有脱发,和他的妻子安吉拉
仍旧保持着规律性的性生活。他几乎从不生病,只是偶尔因锻炼过
度肌肉酸痛,吃几粒泰诺止痛药。每次别人知道他实际年龄时的吃
惊反应都会让他洋洋自得。

当然,查理也努力锻炼保持身材,控制腹部脂肪。他从高中开始
就是运动员,参加跑步队,是网球队队长。他现在仍旧每周打两次网

球,每天早上跑步,有时去健身房游泳。

进行年度常规体检之后,查理坐在医生的诊室里,等待他的心电图及其他检查的结果。医生进来后和他打了声招呼。

"医生,有什么好消息吗?"

"查理,体检结果整体看起来不错,但是你和护士说起你没有服用降低胆固醇的他汀类药物。"

"你知道我讨厌吃药片。另外,我也减少了肉类和鸡蛋的摄入,我现在感觉非常棒!"

"一年前,你的胆固醇指标是 220,如果今天胆固醇指标超过200,我希望你还是服药。"

"如果我忌口所有的红肉、鸡蛋和奶制品呢? 我可以增加运动量。"

"这听上去很好。但是,查理,60 岁以后心脏病和脑卒中的风险都会增加,我不希望你的高胆固醇水平在这些危险因素上再添砖加瓦。"

"医生,那好吧,我就听你的。"

周六晚上外出吃饭,查理点了三文鱼做主菜,但他在餐前面包上涂上了黄油。他妻子安吉拉吃惊地看着他说:"你确定你要吃黄油?"

"我不可能什么都不吃,我要生存。"

"这是关键,查理。不要戏弄你的胆固醇,这不是玩笑。"

"你觉得我是在开玩笑? 我现在几乎都成为素食主义者了,另外我这一周来每次游泳都多游十圈,我几乎是以健身房为家了。"

安吉拉叹了一口气,将黄油移到旁边的桌子上。

第二天,他们和朋友在网球场玩双打。查理做移动跑位动作接发球,但是他发现当球打过来时他却转动不了身体。他困惑地看着掉在地上的球拍。

"甜心,你还好吗?"安吉拉问道。

"我不知道,我右手感觉……"

"什么? 感觉什么?"

"感觉它……我感觉不到它……"

查理沉默了——他不能说话了。他们帮他坐到长凳上,然后打911叫救护车。

在急诊室,安吉拉焦虑无措地坐在查理的病床旁。他手的感觉又慢慢回来了,他可以正常说话了。一位年轻医生走进来说,查理的头颅扫描排除了脑中风。他的症状叫做 TIA,或短暂性缺血性发作。医生解释它就像一次小的脑卒中,但是症状是临时的,而且不会造成永久性损伤。

安吉拉抱住查理,放松下来。医生告诉他们 TIA 其实是给他们敲了个警钟,提醒查理将来可能会脑卒中,他现在还有时间采取措施避免脑卒中的发生。他说看查理的生命体征都很好,猜想他是不是有高胆固醇血症。安吉拉冲查理扫了一眼,眼神明摆着表示"我早说了吧"。查理告诉医生,他家里有他汀类药物,他回家后马上开始吃。

查理在之后的两个月中,每两周去家庭医生那里随访一次。他的降血脂药物、低胆固醇饮食及额外的运动帮助他把血胆固醇指标降到了190。他发誓要不惜任何代价保持这个水平。

查理没有意识到胆固醇水平不仅影响他的躯体健康,对他的认知功能也有影响。高胆固醇水平可以造成血管内斑块沉积,阻碍血液进入脑组织导致脑卒中。它同时可以增加心脏病和动脉硬化的危险性,而这两个因素都是脑卒中的危险因素。

> **降胆固醇药物会对记忆有帮助作用吗?**
>
> 总体来说,服用降胆固醇的他汀类药物对脑子是有帮助作用的。很多研究包括针对 75 岁以上的数千例志愿者的研究显示,服用他汀类药物有助于巩固大脑健康、降低罹患阿尔茨海默病的风险。但是,如果一个人已经患有阿尔茨海默病,那服用他汀和服用安慰剂是没有区别的。在一个小样本的研究中发现,他汀类药物的不良反应可以造成记忆减退或者意识模糊。幸运的是,这些患者停用他汀类药物后,他们的记忆能力都有了恢复和提高。

如果对高胆固醇血症、高血压、心脏病、糖尿病及其他年龄相关疾病听之任之,不给予治疗的话,它们就会通过破坏脑血管及损害支持脑功能的血管循环来威胁到脑健康,导致 TIA 甚至脑卒中。

对查理来说,幸运的是他的这次短暂性缺血样发作只是暂时的,他也立即开始服用药物。

降低胆固醇药物——他汀

血中胆固醇水平升高,特别是有害的低密度脂蛋白增加,对全身动脉血管壁上的脂肪斑块的沉积有着不容忽视的作用,置大脑于卒中的危险境地。锻炼、饮食和他汀类药物能够控制血胆固醇水平,降低未来脑卒中、痴呆及阿尔茨海默病的风险。

他汀类药物通过阻断肝脏合成胆固醇必需的一种酶的作用来保护大脑。这些药物还具有抗炎和提高一氧化氮水平的作用,而一氧化氮则具有保持血管壁弹性、维持血液流通的作用。研究者也发现,胆固醇与阿尔茨海默病患者脑淀粉样斑块间存在联系,提示他汀类药物可通过阻断脑内淀粉样斑块沉积作用来保护脑健康。

高血压药物治疗

到了 65 岁,接近一半人会有血压升高,而未经治疗的高血压可以增加认知功能衰退的发生率。长期高血压通过增加脑内血管的厚度和硬度来损害记忆功能。血压升高时,这些变硬的血管可以破裂导致血液进入脑组织。这个过程最终会导致脑卒中、脑细胞的坏死,最终丧失脑的生理及/或认知功能。

虽然降压药物能够治疗高血压,但如果患者能结合健康的生活方式,则降压效果会更加显著和有效。有规律的锻炼身体、低盐饮食、戒烟、限制饮酒量及控制饮食都对降低血压有帮助作用。我们 UCLA 的脑功能 MRI 研究显示,与高血压有关的轻微脑损伤会迫使大脑更努力地工作以完成同样的记忆任务。

抗炎药物

在过去的二十年间,流行病研究显示使用抗炎药物 2 年以上的人,其患阿尔茨海默病的危险性可以下降 60%。这些抗炎药物包括布洛芬和萘普生,主要是用于治疗损伤和关节炎导致的疼痛和炎症反应。

抗炎药物可能主要通过对抗损伤和感染所导致的炎症反应来达到保护大脑的效果。大量的研究显示,阿尔茨海默病和其他脑退行性病变来自脑内炎症反应。病理学家通过显微镜检查阿尔茨海默病患者脑内斑块发现,斑块周围存在炎症细胞及细胞碎片残骸。一种理论认为,为了清除脑内淀粉样蛋白的炎症反应最终导致细胞的死亡和记忆的丧失,而抗炎药物可以阻断这个过程。其他研究显示,一些抗炎药物可以和淀粉样斑块相结合,可能阻断其在脑内的蓄积。

在临床上,目前并不推荐抗炎药物作为脑保护剂来使用,这有以下几个原因。虽然在轻度记忆减退的患者身上发现这些抗炎药物有

保护脑健康的作用,但在阿尔茨海默病痴呆患者人群里,却发现这类
药物会加重认知损害,而药物从有益到有害的转换点在何处我们并
不清楚。抗炎药物本身还有很多副作用。在部分患者人群中,这类
药物可以增高血压,导致肾脏损害或者导致胃出血。即便如此,如果
你的医生因为关节炎或者其他疾病开出这类药物的处方,它们对你
的大脑也会有保护作用。科学家们还在研究这类药物对大脑的保护
作用,也致力于研究更加安全的抗炎药物。

> ## 💡 泰诺林和布洛芬
>
> 　　大多数人都知道泰诺林和布洛芬是有差别的,但不是每一
> 个人都知道这些常用非处方药的潜在副作用。泰诺林(对乙酰
> 氨基酚)治疗疼痛和退热有效,但没有抗炎作用。如果你扭伤踝
> 关节,泰诺林可以减轻疼痛感,但对于减轻关节红肿是无效的,
> 而关节的红肿意味着机体通过炎症反应来修复你损伤的关节。
>
> 　　布洛芬、萘普生及其他类似的药物都被称为非甾体类抗炎
> 药物(nonsteroidal anti-inflammatory drugs, NSAIDs)。这些
> 药物可以缓解疼痛和发热,同时减轻炎症反应。这对关节的肿
> 胀、疼痛、损伤特别有效。限制 NSAIDs 广泛应用的原因就在于
> 它潜在的严重副作用:胃出血、过敏反应及肾脏、心脏方面的问
> 题。与食物一起服用 NSAIDs 是个很好的方法,可以减轻药物
> 对胃的刺激作用。
>
> 　　因为泰诺林对大多数人来说都是安全的,所以常常被夸大
> 成非常安全的药物。但是,过多的泰诺林可以对肝脏造成严重
> 甚至致命的损害。因此,最重要的是(不仅是对泰诺林,对所有
> 的药物都是如此),要按说明书推荐剂量服用。对乙酰氨基酚与
> 酒精同服可增加肝脏和肾脏的损害。

多种药物同时服用

当我开始从事老年病科的临床工作时,我被告知在患者第一次来就诊时,要带上所有他/她正在服用的药物,以便我识别其是否在服用有助或者有害其认知功能的药物。

我的很多患者来我门诊时常常带着购物袋,里面装着满满的各种各样的药物,有些甚至已经过期很久了。

当我们慢慢变老时,机体出现的各种慢性疾病会促使我们开始服用越来越多的处方药物,而这些药物会有不同的副作用。同时,很多老年人未咨询医生,自作主张购买的非处方药物,其实也有不同程度的副作用,而处方药和非处方药的合用导致的副作用更是难以预料。

我经常会面对这样的患者:看几个不同科的医生,开出不同的药物,却没有一个医生会把这些药物结合起来指导患者治疗。当然,有些患者多年以来换了医生,但新的医生并不知晓患者仍旧在服用以前医生开出的药物。

随着年龄的增加,我们的机体对外界药物变得更加敏感,当然疾病可以使机体对药物副作用的敏感性增加。肾脏和肝脏是体内代谢和排泄药物的主要器官,处理同样剂量的药物,老年人要比年轻人效率低很多。随着年龄的增加,体内脂肪的含量和比例逐渐增加,很多药物容易蓄积在脂肪组织中,随着时间推移,药物蓄积就可以达到中毒剂量水平。

不论何人,在购买和服用非处方药物时应咨询自己的医生或者药剂师,了解药物的适应症及可能产生的副作用。许多人都没有意识到非处方药中的抗组胺类药物及安眠药物都会对记忆造成影响。这些药物中含有的化学物质干扰脑内与记忆相关的神经递质,从而影响到记忆功能。

很多药物都有副作用,特别是某些对药物特别敏感的人来说更是如此。甲状腺素水平的降低或者升高都会影响到记忆,对甲状腺治疗的药物也是如此。

> ### 💡 安定导致的痴呆
>
> 很多患者会借助药物来改善他们的失眠问题,但是这些镇静剂会导致白天的意识模糊或者记忆缺失。早年我在进行老年精神科医生培训期间,接诊过一个最初被诊断为阿尔茨海默病的患者。那几年来,他天天晚上已习惯服用 10 毫克的安定来帮助睡眠,白天则服用另外一种抗焦虑的药物。我怀疑这些药物影响了他的记忆功能,所以我慢慢给他减少这类药物,直到停止使用。减药期间,一开始他常常为晚上不能很好睡眠而烦恼,白天也变得更加焦虑,但是随着记忆功能的逐渐恢复,他对自己有了信心。他被误诊为阿尔茨海默病——他并未患有不可逆的痴呆,而是药物副作用及相互作用导致的可逆性认知功能下降。
>
> 虽然安定和其他抗焦虑药物能够使人平静下来并有助他们治疗失眠,但这些药物可以在体内蓄积并损害记忆,特别是对老年人。如果这些药是必须服用的,我宁可选择那些新型药物,进入人体后会很快被代谢掉,较少产生副作用。

强的松、控制膀胱功能的药物、一些抗抑郁剂和止痛药物都可能产生意识模糊和改变情绪,所以你要告诉你的医生你服用了什么药物,服药之后有什么不舒服的感觉。

治疗认知损害的药物

二十年前,医生对于当时数百万的阿尔茨海默病患者的治疗还是束手无策的。虽然至今仍无治愈方法,但还是有几种药物可以改善阿尔茨海默病的记忆减退及其他认知症状。因为阿尔茨海默病患者的大脑缺少神经递质——乙酰胆碱,目前改善症状的药物如安理申(多奈哌齐)、艾斯能(卡巴拉汀)及加兰他敏都具有提高脑内乙酰胆碱水平的作用。加上美金刚——影响脑内另一种神经递质,可以更加有效地改善认知功能水平。

这些药物目前被批准用于阿尔茨海默病的治疗,但这些药物对一些相关疾病也有治疗和改善作用,如血管性痴呆及路易体痴呆(dementia with Lewy bodies)。这些药物不仅仅可以暂时提高记忆功能和思维能力,也可以降低阿尔茨海默病者的激越及改善抑郁症状。副作用包括食欲减退、消化不良、恶心、心率减慢及失眠,但通过逐渐增加剂量可以减少这些副作用。其中的卡巴拉汀已有皮贴剂,药物可以通过皮肤吸收,减少胃肠副作用。

有些主诉年龄相关的记忆障碍或者轻度认知功能障碍的人会进行脑 PET 检查以明确脑部是否有阿尔茨海默病的证据。当某些人的脑 PET 显示有淀粉样斑块或者神经缠结生成时,他们迫切希望能在临床症状出现前服用一种抗阿尔茨海默病的药物。

下图显示的是 FDDNP - PET 扫描图,左侧为无记忆障碍者的大脑,其白质中阿尔茨海默病的淀粉样斑块和神经缠结很少,几乎不见。右图是轻度认知功能障碍患者的脑扫描图,可以很容易发现斑块和神经缠结。甚至当某个人临床症状很轻时,其大脑扫描已有斑块和神经缠结的证据,但目前尚不清楚在这个阶段服用抗痴呆药物是否有助于减缓认知功能的下降,这个减缓趋势能持续多长时间。

FDDNP-PET 扫描

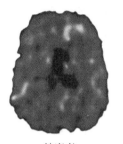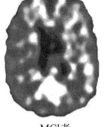

健康者　　　　　　　MCI者

　　我们 UCLA 的研究小组发现经过 18 个月的治疗,安理申对于轻度年龄相关认知功能障碍患者的记忆方面的改善程度与安慰剂相类似。罗恩·皮特森医生的研究发现,轻度认知功能障碍的患者服用安理申一年之后,其进展至阿尔茨海默病的患者人数要少于服用安慰剂一组的,但 3 年后这个优势就消失了。

　　虽然抗抑郁药物偶尔可能会导致记忆障碍,但大多数抑郁症患者在情绪改善之后,记忆能力也有提高。随着年龄的增长,情绪症状和记忆症状会一同出现。患者在发觉他们出现记忆障碍时会有挫败感及抑郁。提高和改善他们的情绪,有助于提高他们的注意力和记忆力。

+-+

医疗仪器可能会提高脑力吗?

　　戴头带可以让头发不遮盖到眼睛,但有些人不是为了赶时髦而戴一种新式的头带。这种头带通过发出小剂量的电流刺激大脑来改善情绪,提高疼痛阈值,促进舒适睡眠,或者提高认知功能。这个被称为经颅直流电刺激(tDCS),这项技术已经被实验室证实是有效的。

一项有 60 名志愿者参加的比较 tDCS 与对照组（无 tDCS 治疗）研究，旨在探索这个仪器是否可以帮助提高每天进行计算机认知功能训练的效果。研究发现 4 周之后，tDCS 组成员注意力和记忆力水平均有提高。其他研究显示仪器也可以提高阅读效率和人名回忆，无论抑郁还是神经疾病患者均可受益——tDCS 可以减少这些患者掌握新技能所需的时间。

专家所担心的是，人们有可能会从网络上购买这类仪器，但在使用过程中缺乏指导和监测。如果电流可以改善大脑特定区域的功能，它也有可能损害其他区域的脑功能。还需要进一步研究明确如何优化 tDCS 的效果，和确保长期使用的安全性。

-+

另一方面，抑郁症状或许反映出潜在的脑部问题。第一代的抗抑郁药物比如阿米替林或者丙咪嗪，可以加重记忆障碍。新型抗抑郁药物，如 SSRIs—选择性 5 羟色胺再摄取抑制剂（左洛复、百优解等）则很少产生记忆方面的副作用。

对大脑有益的激素

激素是一类天然或者人工合成的，具有调节机体功能的化学物质，临床上用于治疗多种疾病。糖尿病患者注射胰岛素可以控制血糖在稳定状态，女性服用雌激素可以降低更年期症状。研究者研究了激素是如何促进大脑健康和改善记忆功能的。虽然目前激素可以促进认知功能、增加肌肉含量及提高性欲的证据有限，但还是有许多人会把它们作为补充剂来使用。他们鼓吹激素是纯天然的，但许多人没有意识到纯天然并不意味着安全。

DHEA

脱氢表雄酮（Dehydroepiandrosterone，DHEA），性激素中雌激

素和睾酮的主要构建成分,可以促进性欲、强壮肌肉和降低体重。一些运动员会服用 DHEA 来使自己更强壮、更精力充沛并增加肌肉含量。但是,美国大学生运动员协会(National Collegiate Athletic Association,NCAA)和国家足球联盟(National Football League)是禁止运动员使用这种激素的。

在动物实验中,激素被证明有提高记忆的功能,一些人类志愿者参与的研究证实,DHEA 有助于改善情绪和记忆力。但对大型人群的研究还不能肯定它对大脑的保护作用的益处超过服用它所带来的危险性。DHEA 的副作用包括肿瘤的风险增加、面部毛发增生、脱发及痤疮。

生长激素

体内缺乏生长激素的小孩在青少年期身高可以达到正常人水平,这得益于激素的替代疗法。因为体内生长激素水平随着年龄的增加逐渐减少,有些人会使用生长激素来对抗衰老带来的躯体和认知方面的问题。补充生长激素可能带来的危害是:疼痛、水肿(增加体内组织的液体含量)、升高胆固醇水平、促进肿瘤细胞生长及增加患糖尿病的危险性。

最近有学者研究了促生长激素释放素(一种促进生长激素释放的激素)对健康老年人及轻度认知功能障碍患者的认知功能的影响。在 20 周的试验期内,每天晚上在参加研究的志愿者皮下注射激素或者安慰剂,结果显示皮下注射激素者认知能力有提高。科学家建议进行观察时间更长的研究,来确定其对脑健康的潜在治疗效果。

雌激素

雌激素水平在更年期开始下降,增加女性罹患阿尔茨海默病的危险性。流行病研究发现雌激素替代疗法可以降低这种危险性。两者之间的相关性并不能证明是由于激素直接作用于脑组织的结果,雌激素和认知功能相关性的双盲、安慰剂对照的多项研究结果也不一致。雌激素潜在的增加肿瘤、脑卒中及心脏病的危险性的副作用也使得医生在处方时十分小心谨慎。

"女性健康倡议"（Women's Health Initiative）提到超过65岁的女性服用雌激素"倍美力"，其患痴呆的风险明显增大。但是，其他研究显示，女性在更早的时候——更年期前后服用雌激素，有降低痴呆的风险。因此，目前认为雌激素改善认知功能的作用有个治疗窗口期，在这个窗口期内，雌激素利大于弊。另外有研究认为，孕激素（常和雌激素合用作为替代疗法）对认知功能的影响可能比雌激素更大。

睾酮

男性体内睾酮水平随着年龄的增加而逐年下降，65岁以上的男性每5人就有1人的睾酮水平明显低于同龄人水平。有些男性并未检测血睾酮水平就自行服用睾酮。但这是很危险的，因为睾酮可以刺激前列腺癌的生长，增加心血管疾病和脑卒中发生的危险性。动物研究显示，睾酮有促进脑功能的作用。小样本人群研究显示，肌肉注射睾酮后，有些人会有认知提高，有些人会认知恶化。目前尚有待大型临床研究明确睾酮在改善记忆和脑健康方面的作用。

了解睾酮补充剂

菲尔不情不愿地到了60岁，一个让他觉得衰老和疲倦的年龄，每次淋浴之后看着镜子里挺着肚子的自己，他都会有种无助的感觉。一天，当他开车去上班时，他注意到一家医疗抗衰老诊所，他决定去看看。他听说过睾酮补充剂，他想试用一下，看看是不是能够提升精力及提高性欲，或许还能减少他的腹部脂肪。在诊所进行简短的诊疗咨询后，他拿了两个月的睾酮补充剂回家。

服用之后，菲尔立刻感受到了效果——他的体重减轻了，锻炼时,不论是上跑步机还是做负重练习都不容易疲劳。他妻子贝芙丽也注意到他的这种变化。

"你一直担心过了 60 岁会太老了,但生日之后你看上去更年轻了。"她害羞地笑着说,"昨晚你是雄风依旧。"

因此,他继续服用睾酮补充剂,他为他充沛的精力和缩小的腰围感到欢欣鼓舞。但是,他发现他失眠了。他常常要起夜如厕,有时还有解尿困难现象。他开始担心睾酮的副作用,最终决定和他的医生讨论睾酮的使用问题。

经过检查之后,菲尔的医生告诉他,尿频、尿痛和他的前列腺增大有关。好消息是现在血液检查结果显示他目前没有患前列腺癌的迹象,但是菲尔必须停用睾酮。他采纳了医生的建议,停用睾酮,慢慢地,他的睡眠也恢复了正常。

和很多男性一样,菲尔试图服用睾酮来抵御老化,但他却忽略了激素潜在的危险。对健康男性来说,睾酮水平在 30 岁达到高峰,然后每年下降 1—2%。睾酮水平下降可导致性欲、情绪及精力的下降,但如果体内睾酮水平不低于 300 $\mu g/dl$,是不需要外界补充的。因为睾酮潜在的副作用,所以在决定睾酮补充治疗时最好先到医生那儿进行检查。虽然睾酮补充剂可以提高情绪,增加机体活力,但它可以导致前列腺增大、红细胞数目增加、血栓形成增加、睡眠呼吸暂停、肝脏损伤及前列腺癌。

膳食补充剂

超过 2/3 的美国人服用营养补充剂,调查显示,服用补充剂者更容易采纳锻炼、戒烟和营养饮食的健康生活方式。对维生素、微量元素或者其他营养补充剂的批准条例没有药物的批准条例那么苛刻。1994 年,营养补充剂和健康教育条例为制造商和经销商制定了准入标准,严禁质量低下或者无牌商品进入市场。制造商在将商品推入市场前必须评估产品的安全性,并标签注明商品的具体成分,以保证符合条例的规定。

消费者面临的挑战是如何选择有效的补充剂,如何观察副作用,什么情况下服用的药物和补充剂之间产生相互作用会对健康有害等。潜在的危险包括肝脏损害、出血及疼痛。流行的改善记忆的补充剂银杏叶与咖啡合用,会导致硬膜下血肿(血块围绕着脑组织),另外银杏叶也会影响胰岛素的分泌,不利于糖尿病患者的血糖控制。

> ## 💡 过多的钙会损伤心脏
>
> 许多女性服用钙补充剂来保护骨骼,降低骨质疏松的危险性。骨质疏松可以导致脆性骨裂和骨折。更年期雌激素的缺乏会导致骨质疏松,但是美国预防医学工作组最近不推荐绝经妇女服用钙补充剂,因为尚无足够的科学证据证明服用钙片可以防治骨质疏松。
>
> 不是每个人都知道,女性服用钙补充剂可使女性患心脏病的风险增加30%。血液中过多的钙可导致钙沉积在血管壁上,导致心脏问题的发生。
>
> 内科协会的推荐剂量是:19—70岁男性及19—50岁女性,每天钙摄入推荐剂量是1000毫克;50岁以上女性,每天钙摄入推荐剂量是1200毫克。从食物中摄取钙是最安全和有效的方式:每230毫升牛奶或者180毫升酸奶含有300毫克的钙。其他含钙丰富的食物还包括罐装三文鱼、沙丁鱼、甘蓝菜、杏仁及西兰花。

摄入大剂量的某些种类的维生素,也会产生副作用。应该避免服用高剂量的维生素A、D、E和K,因为这些维生素是脂溶性的,可以储存在体内脂肪细胞中,长久积累下来会对机体产生副作用。

补充剂的危险性及有限的脑保护作用促使某些专家对服用补充剂的必要性提出了质疑。

但是最近也有研究认为,随着年龄的增长,有几种营养补充剂确实有改善脑健康的作用。当你决定服用那种补充剂时,最重要的是要准确了解所服用产品的可靠性、有效性及潜在的副作用。除了可以咨询知识渊博的药剂师或者内科医生,你也可以通过国家营养补充剂及整合健康中心网站(www. nccih. nih. gov)获取相关信息。

抗氧化补充剂

随着年龄增长,氧化应激反应会造成脑细胞的破损和坏死,而具有抗氧化作用的维生素被用来抵抗这种损伤。在上世纪 90 年代末期,大规模的研究显示,每天 2000 单位的维生素 E 可以减慢阿尔茨海默病的病程。

2005 年,有研究显示每日服用超过 400 单位的维生素 E 与严重的心血管事件存在相关性,导致死亡风险增加。大剂量维生素 E 的这个潜在副作用多发生于既往有心脏病变的老年人,而且也有新证据证实,维生素 E 对轻中度阿尔茨海默病是有益的。超过 2 年的跟踪随访显示,服用大剂量维生素 E 组患者,其日常行为能力要好于安慰剂组患者,而且在这项研究中,服用维生素 E 的患者也未发现有心血管病变。虽然维生素 E 对轻中度阿尔茨海默病有益,但我们至今不知道它是否能在正常老年人群中推迟阿尔茨海默病的发生。

实验室及动物研究指出了抗氧化剂乙酰-1-肉毒碱和辅酶 Q10 具有改善认知功能的作用,但是它们是否能够提高人脑健康目前尚不得知。对于维生素 C 及 β 胡萝卜素的脑保护作用还存在争议。我们 UCLA 早期研究显示石榴汁——含丰富抗氧化作用的多酚,具有改善轻度记忆障碍患者认知功能的作用。大型临床观察石榴汁胶囊和石榴汁对记忆影响作用的研究还在进行中。

> ### 把咖喱制成片剂
>
> 与美国和欧洲相比,印度的阿尔茨海默病的发病率比较低。印度的饮食以咖喱为主,咖喱主要来源于姜黄,而姜黄素是姜黄的主要活性成分,这可能保护了数百万印度人的大脑。虽然目前没有统计数据证明吃印度食物可以保持大脑年轻,但实验室确实证实了姜黄素的抗炎、抗淀粉样蛋白及抗氧化的脑保护作用。
>
> 如果你不喜欢印度食物,那你可以继续等待这个观察姜黄素胶囊是否比安慰剂有效的临床研究结果。虽然对痴呆患者人群的最初研究结果显示的是阴性,我们 UCLA 研究组正在对有痴呆危险性的人群进行安慰剂对照双盲研究,观察姜黄素胶囊是否具有阻断大脑淀粉样斑块和神经缠结的生成及推迟记忆下降的作用。

维生素 B 和 D

不是每个人都能摄入足够的维生素 B,因此很多维生素补充剂里都含有维生素 B。叶酸(具有抗氧化作用的 B 族维生素),可能会保护老年人免于脑卒中和心血管事件,但是对缺少维生素 B12 的老年人来说,过多的叶酸会损害其记忆功能。维生素 B6、B12 及叶酸参与了同型半胱氨酸(一种构建蛋白的氨基酸)的代谢和降解过程,人体高水平的同型半胱氨酸会增加阿尔茨海默病的危险性。牛津大学的科学家发现,与安慰剂组相比,给轻度认知功能损害的患者补充维生素 B 两年后,其认知功能下降的速度减慢,大脑萎缩的速度也同样减慢。维生素 B12 所具有的控制炎症作用有助于保护大脑健康。

阳光和牛奶制品可以给机体提供维生素 D,只是当今大多数人喜欢逗留在室内或者宅在家中而导致体内缺乏维生素 D。血中低水平的维生素 D 可导致认知功能下降。一项纳入五千多例老年女性的研究显示,摄入推荐剂量维生素 D 的老年女性,其认知功能要好于那些摄入不足的老年女性,但不是所有的研究都得出同样的结论。

Omega-3 补充剂

两种最基本的 Omega-3 脂肪酸是二十碳五烯酸(eicosapentaenoic acid,EPA)和二十二碳六烯酸(docosahexaenoic acid,DHA),都是大脑正常发育的必需脂肪酸。有科学证据显示,饮食中的 Omega-3 脂肪酸具有抵抗大脑炎症、提高记忆和情绪的作用。随着年龄的增长,服用 Omega-3 脂肪酸的人记忆减退的风险低。现实是很多人并未在日常饮食中摄入足够的 Omega-3 脂肪酸。

Omega-3 脂肪酸补充剂对已经痴呆的患者是没有帮助作用的,但是对轻度的年龄相关的记忆障碍还是有效的。2012 年一项针对 50—75 岁健康者的研究显示,每天服用 2.2 克的 Omega-3 脂肪酸,连服 4 个月的人的认知功能水平比安慰剂组的人有明显提高。体内 Omega-3 脂肪酸水平高的人其脑体积也大,特别是和记忆相关的海马部位的体积增大尤为明显。Omega-3 脂肪酸还可以提高执行功能,促进更好的计划、组织和管理技能。

银杏

目前有很多人常规服用银杏制剂以提高自己的记忆力和注意力。这个抗氧化补充剂可以增加脑部血液循环,促进大脑细胞摄入葡萄糖。可能的副作用是胃部不适、眩晕、头痛、出血和低血压。有数项研究证实,银杏制剂有提高正常老年人记忆的作用。但是近期一个由三千多名老年人参加的随访六年的研究显示,无论是正常老年人还是轻度认知功能障碍患者,与服用安慰剂组的老年人相比,每天服用 2 次,每次服用 120 毫克的银杏制剂,并没有达到减慢认知功能衰退的效果。

石杉碱甲

大多数现有治疗阿尔茨海默病痴呆的药物都具有提高脑信使递质乙酰胆碱水平,刺激神经元细胞的功能。石杉碱甲是一种起同样作用的营养补充剂。有些研究认为,它对痴呆和轻度认知功能障碍的患者同样有效,但有些研究未能得到同样的结论。一项例数有限的对中国人群的研究显示,服用一个月石杉碱甲可以提高青少年的认知功能。需要更多的研究来证实石杉碱甲是否可以提高轻度年龄相关的记忆障碍人群的记忆力。

磷脂酰丝氨酸

磷脂酰丝氨酸在维持细胞通讯和脑细胞膜的正常功能方面起着重要作用。有几项研究认为它可以改善认知功能。一项 157 例轻度记忆障碍的老年人参与的研究显示,服用磷脂酰丝氨酸加一种 Omega－3 脂肪酸 15 周后的老年人,记忆比安慰剂组老年人明显提高。另几项针对类似人群的研究,只是单纯服用磷脂酰丝氨酸 12 周,也得出相同的结论。这些结果令人深受鼓舞,但还需要更多的研究来证实其超过 3 个月以上的疗效。

为了更好的大脑的健康管理措施:

- 和你的医生交朋友,讨论你的健康关注,并指导药物的使用及生活方式的调整。
- 就诊时带上你目前服用的所有药物或者药物清单,包括处方、非处方药,以确保这些药物不会影响到记忆功能。在打算服用任何新的药物前要进行咨询。

- 如果你还患有高血压、高脂血症、糖尿病及其他慢性疾病,医生的建议对保护你的大脑往往是很重要的。
- 阿尔茨海默病痴呆患者服用抗痴呆药物是暂时有益的,有助于保持较长时间比较好的生活质量。
- 现在有很多激素及营养补充剂用于治疗年龄相关的记忆减退,但长期疗效还有待进一步的论证。

第九章 "两周重塑年轻大脑"项目

我不仅用自己的脑子,我也借用其他人的脑子。

——伍德罗·威尔逊

到了 40 岁,几乎每个人都发现自己的认知敏锐性下降。你感觉很难记住你刚刚认识的那个人的名字,你需要阅读使用手册才能重新设置车上的时钟,或者你打开冰箱之后却想不起来你想拿什么东西。我们不可能让时间倒流,但我们可以采取行动使我们的大脑更年轻。本章会一步步地向大家传授我的两周项目,这些方法简单明了易学,而且符合你个人的大脑健康需求。

项目的目的是改变你目前的行为,为你将来拥有一颗健康的大脑创建一个健康的习惯。想让这个项目持久并且成功,则需要关注三个基本元素:行为举止可以影响大脑,不同阶段设置小目标,应用鼓励反馈机制。

知识就是力量

通过这本书的前几章节,你们清楚地明白你们每天的生活习惯和你们的大脑健康是密切相关的。你每天都要做出决定：是不是要进行身体和大脑训练，要不要锻炼身体，吃什么，如何应对压力，这些对你的大脑老化都有直接的作用。研究发现，当人们了解和明白它们之间的关系之后，他们会更主动地执行健康生活方式项目，并且在以后的岁月中享受由此带来的益处。

可完成的小目标

许多健康、节食和锻炼项目之所以不能被坚持下去的主要原因是设立的目标太高（一个月内减掉 30 磅！一夜之间年轻 5 岁！），而这些目标并不现实。参与者往往很快就放弃或者潦草对待。

两周重塑年轻大脑的要求太多？其实并非如此。系统的科学研究和数千参与者的成功经验告诉我们，这个项目是切实可行的。而且，我的练习起步很容易，你可以按照你自己的进度来增加挑战性，使你容易完成你自己设置的每一个小目标。

反馈机制

正向反馈有助于我们一直坚持下去。如果我在节食，发现我裤子的腰围越来越宽松，我就会有动力一直坚持节食方案。当我站在体重磅上发现自己减少了 5 磅，更会增加我的信心。"两周重塑年轻大脑"计划可以让你在两周内看到快速和显著的效果：大脑有氧运动可以提高你的记忆和思维的敏锐性，体育锻炼可以让你更有活力，减压技术可以让你身心得到放松，健康大脑饮食可以改善代谢并有助于减轻体重。为了强化这一客观的证明，我在项目开始的第 1 天、第 7 天、第 14 天设计了一些简单的小测验，用白纸黑字来测量和记录项目的实际效果。

建立大脑的协同性

你需要学习的是项目所有内容中的目标策略——认知训练、身体锻炼、压力管理及健康营养——这四个策略中每一项都有助于保持大脑年轻。我们 UCLA 的研究也显示，当你自己把这些策略结合在一起训练时，你为自己就创造了一个协同的、更有效、更快的训练方案。

 脑健康饮食

为了保证大脑年轻，在饮食中请遵守以下几个规则：

- 一天中少食多餐。为避免一天中出现十分饥饿的现象，可以将一天的进食分为五餐：早餐、午餐前小食、午餐、下午茶及晚餐。

- 每餐均有健康蛋白质和淀粉。这种结合可以让机体从碳水化合物中立即摄取到热量，同时加入蛋白质可以增加饱腹感。

- 摄取足够的水分、维生素和矿物质。每天饮用几杯水，服用一片多种维生素及含 1000 mg 的 Omega－3 的鱼油。

- 食用健康 Omega－3 脂肪酸。每周至少吃两次鱼和/或坚果及亚麻籽来抗炎。

- 进食抗氧化水果及蔬菜。色彩斑斓的水果和绿叶蔬菜既有抗氧化作用，又有提供纤维促进消化的作用。

- 减少 Omega－6 脂肪酸、精制糖及加工食物。偶尔吃吃牛排和饼干是可以的，但不要变为常态。

- 控制食量。在餐厅进餐时，可以和别人平分主菜，在家进食时，盘子里少放一些。

在 UCLA 和盖洛普组织的合作项目中，我们评估了一万八千多名年龄在 18 岁到 90 岁之间的成年人在这个两周项目中以不同生活方式策略进行训练的效果。结果发现：在项目训练中，策略方法用得越多（比如锻炼身体、健康饮食、不吸烟等），参与者的记忆力水平越好。只参与一项健康行为的参与者，其主诉记忆障碍的现象比不参与任何一项健康行为训练的要少 21%。参加三项健康行为训练者，记忆障碍的主诉下降 75%。其他研究也证实了混合健康行为训练的协同效应还有降低糖尿病及心脏病症状危险性的作用。

以下介绍几个健康营养餐的例子：

早餐建议：

- 蔬菜煎蛋卷（一个鸡蛋，两个鸡蛋白，加蔬菜如菠菜，或加些胡椒）；半杯新鲜或者速冻的蓝莓；一片全麦面包，可以涂一点果酱或者坚果酱。

- 3/4 杯热麦片，加一调羹葡萄干；半杯脱脂牛奶或者酸奶；半个葡萄柚/西柚。

- 225 ml 酸奶，加浆果；半杯燕麦或者一片全麦吐司。

- 炒蛋（一个鸡蛋加两个蛋白），两片火鸡培根；一片小麦或者黑麦吐司面包，可以涂一些果酱或者坚果酱；半杯新鲜或者速冻浆果。

午餐：

- 全麦面包的金枪鱼三明治（加低脂蛋黄酱）加芦笋和番茄；一杯葡萄。

- 黑麦吐司的烤火鸡热狗，加芥末调料或者德国酸黄瓜；脆苹果。

- 田园色拉加不超过 200 g 的烤鸡或者三文鱼；调料用醋酱（意大利黑醋＋橄榄油）；两片全麦饼干；几片橙子。

- 一碗鸡汤（有白肉和蔬菜）；1/2 皮塔饼（注：一种起源于中东及地中海地区的面食，烤的时候面团会鼓起来，形成一个中空的面饼，看上去如同一个口袋，又称"口袋面包"）；切片的梨。

晚餐：

- 晚餐时如果你愿意,你可以喝一杯葡萄酒、啤酒或者鸡尾酒。
- 200 g 用香料烤炙的鸡胸脯;用醋酱拌的蔬菜色拉;1/2 杯糙米饭;水煮菠菜;水果冰糕(甜点)。
- 150—200 g 香料烤制的三文鱼加柠檬片;橄榄油和柠檬汁拌制的番茄、牛油果和甜洋葱色拉;煮红薯;蒸西兰花;加肉桂的切片苹果。
- 全麦面包的火鸡汉堡;醋酱拌制的菠菜色拉加苹果块和核桃;蒸菠菜和胡萝卜;新鲜水果或者果汁棒冰(甜点)。
- 150—200 g 瘦牛排;芝麻菜加切丝帕玛森乳酪(一种脱脂意大利乳酪),用醋酱做酱料调味;蒸西葫芦;甜点是冰冻酸奶加切片草莓。

小食：

- 半杯酸奶加半个香蕉。
- 生蔬菜(可选芹菜、红圆椒、番茄);25 g 左右的切片芝士。
- 一杯番茄汤或者番茄汁;25—50 g 的焗美国杏仁或者核桃。
- 半杯低脂松软干酪加一大匙葡萄干混合。

更多的营养技巧

虽然调换你的日常食谱是有意义的,但有些人总有自己特别的喜好,所以也不用因为每天早餐喜欢鸡蛋、吐司加咖啡而烦恼。健康饮食的主要目标是使你的日常饮食营养又可口。变换你每天的主食及小食的品种可以使进食更愉快。使用辛辣香料不仅可以提升口感,而且还有抗氧化作用。

适量是最重要的。咖啡及酒的摄入也应适可而止。在一天的过程中体验饥饿和饱足感是十分重要的,这是身体的自然反射,帮助你达到理想的体重。

素食主义者及纯素食者

如果你是一个素食主义者或者纯素食者,你可以按照你自己的饮食选择来调整饮食方案。素食主义者不吃肉、家禽及鱼,而纯素食者连奶制品和鸡蛋也不吃。素食主义者的饮食主要由足量碳水化合物和蔬菜纤维组成,其饮食组成中蛋白质、维生素 B12 及 Omega-3 的含量比较低。纯素食者需要特别关注的是蛋白质、维生素 B12 及钙的摄入要足够。对素食主义者和纯素食者来说,其蛋白质摄入的最好来源是坚果、藜麦、豆腐、扁豆、黄豆和豆豉。每天服用补充剂可保证大脑的消耗及保持健康的大脑。

体育锻炼

在这个项目中,身体调节、力量训练、伸展训练及平衡练习,对大多数人来说都是安全的,但是仍旧建议你在开始前咨询一下你的医生。如果在章节六中做的"基线身体测试"分数很好,你可以考虑增加锻炼的强度和锻炼的次数。你可以调整书中介绍的任何锻炼方法,也可以加入你自己喜欢的锻炼方式。如果你已经每天游泳 40 圈或者在椭圆机上锻炼 45 分钟,你的心血管系统功能应该很好,但你还是要关注平衡锻炼及强化训练。有些训练需要弹力带,你可以在当地药店、体育用品商店或者网上购买。

走路是最安全最有效的有氧运动。研究显示,每天 15 分钟的快走(一周 90 分钟)可以满足你身体的锻炼需求,降低认知功能减退和患阿尔茨海默病的风险。和朋友一起步行还可以改善你的社交能力,通过语言交流还可以放松情绪。

每天的锻炼目标是 20—30 分钟。你可以把增加锻炼融入到你的日常活动中。比如,在离目的地几分钟的地方下车然后步行,或放弃电梯选择爬楼梯,至少爬个几层也好。

有氧认知训练

项目中的认知训练设计是阶梯进行的,循序渐进,越来越有挑战性,这样你的大脑功能会越来越强大,越来越有效率。如果你发现某一个认知训练特别难,建议第二天继续重复训练直到变得容易通过。如果某个训练项目特别简单,则调整到更有难度。比如,记 4 个单词很容易,你就自己把它变成 5 个单词。

这后面两周的练习目的是体验快速简单的重塑健康大脑习惯的过程。行为在固定地点、固定时间不断重复,就会成为习惯。请看下面的 1 分钟记忆测试。

1 分钟测试你的记忆力

在进行"两周重塑年轻大脑"的项目之前,请做一下这个快速记忆测试,以评估训练前的基础记忆能力。用 1 分钟时间记住下面的 10 个单词,然后合上书,去做其他事情。5 分钟后,在不翻开书的情况下,尽可能多地写出你之前看到过的单词。默写完之后,打开书,和书上的单词做比较,看准确率有多少,并在空格中记下你的分数。

鲨鱼	竖琴
大腿	街道
教师	扳手
墨水	咖啡
莴笋	报纸

现在放下书,按照上述的要求去做。

基线记忆分数:＿＿＿＿＿＿＿

不用担心你只记住了几个单词,14 天的项目训练后,你的记忆能力会有飞速提高,你肯定可以在下次看到成绩的进步。

14 天项目

你现在准备开始进入项目训练。在之后所介绍的内容里,我们对 14 天训练中每天要如何训练都有详细的说明。请按推荐的时间段(早晨、下午和傍晚)进行项目训练,也可以按自己合适的时间进行。慢慢来,好好享受。你现在距离你年轻的大脑只有两周的距离。

第一天 早晨

体能锻炼

侧向弯曲(伸展):站直并把你的脚分开,与肩膀平齐。平举双臂至两侧,身体左侧倾斜,举起你的右臂至头顶上,直到你感到右侧肌肉拉伸良好,保持该位置数到 5,然后换另外一侧。每侧重复 3 次。

俄罗斯狐步舞(适应性):站直,双手臂向前弯曲抬高与肩平行,类似俄罗斯狐步舞的姿态。对着右肘关节的方向抬高右膝关节,然后交替,对着左侧肘关节方向抬高左膝关节,每侧腿抬高八次。

大脑训练

聚焦训练:面对一件新事物,你需要集中你的注意力才能勾画出事物的轮廓和含义。我们先做这个提高认知注意力的热身活动。早上外出前,关注一下你配偶或者室友穿的一件衣服,它可能是宽松上衣、衬衫、领带或者夹克。注意一下颜色、搭配和质地。草草记下四个细节。如果你一个人住,则关注一下上午你碰到的第一个人的衣服色彩款式和质地。

下午

减压训练

放松肌肉(冥想):躺下或者坐在椅子上,做几个深呼吸,然后闭上眼睛。关注你前额和头颅的肌肉,放松紧张部位的肌肉。让这种放松的感觉从面部肌肉延伸至下颌骨的肌肉。随后,放松颈部和肩胛肌肉(可以轻度活动有助于放松)。继续深呼吸和缓慢呼吸,同时放松上肢和下肢的肌肉,直到最后放松至脚趾。享受和体验一下这种放松的感觉,然后睁开眼睛。

大脑训练

训练另一侧肢体:刺激神经环路,练习用另一只手签名(右利手的人用左手,左利手的人用右手)。我们今天不要求书法,也不要求写得如何好。

大脑游戏:填字游戏、数独(九宫格)、算独或者其他拼图或者计算机大脑游戏(见本书附录"大脑游戏网站")。

傍晚

体能锻炼

晚间步行:晚餐前或者晚餐后行走十分钟。如果周围环境不允许散步,那就重复做一遍早上的体能锻炼项目。

大脑训练

回忆训练:回想一下今天早上关注的那件衣服。不借助提示,试着回忆出四个细节,然后对照一下笔记,看看你到底回忆出多少。

第二天 早晨

体能锻炼

侧向弯曲:保持体位 5 秒,然后另一侧。每侧重复4 次。

俄罗斯狐步舞:每侧膝关节抬高 10 次。

大脑训练

聚焦训练:在出门前,重复昨天的注意力训练,但是这次不用写笔记。同样的,关注你遇到的第一个人的一件衣物,并注意颜色、式样、布料纹理及其他特征。关注之后,闭上你的眼睛,在脑子里过一下所关注的东西,仔细思考一下细节。

前瞻性记忆习惯:人们常常抱怨忘记预约的事情或者计划做的事情——这些活动需要前瞻性记忆技巧。在去目的地的半路上如果突然担心是否将车库门关上或者是否把重要的东西忘在家中时,常常会有恐惧感袭来。

为避免这样的意外的发生,并且提高前瞻性记忆技巧,可以建立一个早晨记忆习惯:每天出门前,在同一时间同一个地方,思考你的日程和所有的预约。思考一下每个预约及计划的细节。如果你要去健身房,不要忘了你的健身包。和你的会计见面?记住带上你的工作簿。最后,在你启动汽车前或者往车站走之前,在脑海里过一下房屋设施情况:煤气电炉是否关闭?大门是否锁好?车库门是否锁好?

下午

减压训练

呼吸(冥想):躺下或者保持一个舒适的体位。用鼻慢慢呼吸,注意力关注于你的腹部,吸气时腹壁抬起,然后慢慢呼气,尽可能呼出更多的气体,感受到膈肌随着你的呼吸而上下活动。花费两分钟在呼吸上。

大脑训练

构图训练:你已经训练将注意力集中在细节上(关注)。今天将练习"构图"——将这些细节组成内容,使它们

195

有意义,更容易被记住。这些练习通过建立你自己大脑的"内存"来记住虚拟的场景。你可以通过有意地建立可记忆的认知图像来训练这个功能。

为下面的每个单词,在脑海里创建一个虚拟的图像,为了更加容易记住,你可以增加鲜活的色彩和细节(比如,对于玫瑰,可以假想带着露珠及枝上有刺的一枝鲜红玫瑰):

玫瑰

涂鸦

炉子

风筝

傍晚

体能锻炼

晚上步行:晚餐前或者晚餐后行走十分钟。如果环境不允许散步,那就重复做一遍早上的体能锻炼。

大脑训练

回忆训练:试着回忆一下你早上看到的那件衣服的细节。这次不借助笔记,只是闭上眼睛看看能不能回忆出细节。然后试着回忆下午做构图训练时自己在脑海中虚拟的场景,并复述出那四个单词。

第三天 早晨

体能锻炼

侧向弯曲:每一侧锻炼 4 次。

扩胸运动:站直,双手背下方交叉握紧。挺胸,前臂在背后向上、向后伸直,维持 5 秒钟,你可以感到胸廓扩张,然后重复。

俄罗斯狐步舞:每一侧膝关节抬高 10 次。

大脑训练

记忆习惯：出门前检查一下你的日程。记住每天在同一时间、同一地点做这件事，以养成良好的记忆习惯。脑海里再回忆一下出门前家电及窗户房门的关闭顺序。

姓名和面孔：如果你和其他多数人一样，不太容易记住别人的姓名和面孔，你可以将"聚焦"注意力和"构图"记忆的方法作为每天的记忆训练。遇到鲍德温教授后花30秒时间（很可能比你在典型社交场合花的时间要多）研究他的名字和面孔。

鲍德温教授（Baldwin）

下午

减压训练

放松肌肉：这次花费3分钟来放松你身体上的主要肌肉群。

交谈和倾听（见第七章）：提高倾听配偶、家人及朋友的能力，有助于改善人际关系，减轻压力。在这个练习中应将注意力集中在感受他人的情绪及避免批评上。设置2分钟时间，要求你的配偶或家人和你讨论任何问题或是他们面临的挑战等。当你在倾听时，保持视觉接触，不要打断对方。倾听2分钟后，再延长2分钟，这次由你说，换你的配偶倾听。第2个2分钟结束后，你可以将话题转到你对这个练习的感受上来。

大脑训练

记忆训练：要保持大脑年轻，就需要优化认知效能。为避免将大脑的能量浪费在寻找放错地方的东西上，应该为你的常用物品建立"记忆位置"。比如，钥匙可以挂在大门边的挂钩上，眼镜放在床头柜上。如果你还没有建立这些"记忆位置"，建议你现在可以为眼镜、药、皮夹、剪刀、支票本及手机等物品找个"记忆位置"。运用"聚焦"注意力和"构图"记忆来记住你的新的"记忆位置"。

傍晚

体能锻炼

晚间步行：晚餐前或者后行走 10 分钟。

大脑训练

"聚焦"和"构图"训练：为了继续加强你的"聚焦"和"构图"技巧，你在脑海里为以下的每对单词建立有联系的虚拟图像。比如"护士—烤面包/干杯（toast）"这一对单词，你可以在脑海里假想一个护士在吃烤面包，或者在一个婚礼上，她和她的好朋友在干杯。花费 2 分钟聚焦注意力在下述 3 对不相干的单词上，并在脑海里勾勒虚拟图像。

烟囱—马

门—飞机

电梯—项链

第四天　早晨

体能锻炼

侧向弯曲：每一侧重复 5 次。

扩胸运动：每次持续 5 秒钟，重复 3 次。

俄罗斯狐步舞：每侧膝关节抬高 15 次。

大脑训练

记忆习惯：不要忘记你这几天养成的新的记忆习惯，出门前核对一下日程及房屋安全检查。

回忆训练：看看你是否能想起来昨晚练习的那三对单词。下面是每一对的第一个单词，看看你花费多长时间想起来所对应的单词（集中注意力在脑海里，呈现一下昨晚建立的虚拟图像）。

烟囱—＿＿＿＿＿＿

门—＿＿＿＿＿＿

电梯—＿＿＿＿＿＿

你还记得我昨天介绍那个人的名字吗？他有什么特征性的外表？你是如何将他的名字和他的面孔联系起来的？你注意到他的光头或者他是在赢得扑克牌比赛后拍照的吗？他是不是像教授一样在上课或者用眼镜指着黑板？

下午

减压训练

呼吸：今天花费3分钟做呼吸训练。吸气和呼气时将注意力集中在你的腹部。

面对现实：我们中很多人常常感到压力很大，这是因为我们给自己设置了太多的要求，安排了太多的工作及任务。列出未来两天内你要完成的事情及工作清单，看看哪些事情是可以不用做或者可以推迟的，或是可以请朋友、家庭成员或者同事来完成。

大脑训练

注意细节：在脑海中，为下述每一个地点建立想象图片，

列出你可能在每个想象图片里看到的三个细节：

学校操场：＿＿＿＿＿＿，＿＿＿＿＿＿，＿＿＿＿＿＿

跑道：＿＿＿＿＿＿，＿＿＿＿＿＿，＿＿＿＿＿＿

马戏团：＿＿＿＿＿＿，＿＿＿＿＿＿，＿＿＿＿＿＿

傍晚

体能锻炼

晚间步行：晚餐前或者晚餐后行走15分钟。

大脑训练

姓名和面孔：见见我的朋友艾琳·孟加拉（Eileen

Bengal）。尝试记住她的名字和面孔。如果你集中注意力了,你就会注意到她漂亮的大眼睛和前刘海。

艾琳·孟加拉

加分项目:可以玩填字游戏、数独、算独或其他拼图游戏,或者计算机上的大脑游戏。这些均有助于保持大脑神经回路的可塑性。

第五天　早晨

体能锻炼

侧向弯曲:每一侧做 5 遍。

扩胸运动:每次扩胸持续 5 秒钟,重复 3 次。

俄罗斯狐步舞:每一侧膝关节抬高重复 15 次。

"火烈鸟"站姿(平衡训练):站立时,目光集中于视觉前方的某一点(比如墙上的画、书柜里的书等),然后,右脚抬高离开地面,如果需要,可以伸展手臂保持平衡。保持单腿直立的姿势数到 5,然后换另一条腿站立。

大脑训练

记忆习惯:离家出门前检查一下日历记事本,并在脑中过一下家电门窗的关闭情况。

回忆训练：尝试回忆昨天下午练习的 3 个地方,看看你是否还记得每个地方的 3 个细节部分。线索：你可能更愿意带孩子去其中的 2 个地方。

下午

减压训练

"假期"冥想：闭上眼睛,想象你已踏上度假放松的旅程——你可能躺在沙滩上看着潮起潮落,或者懒散地躺在度假村的游泳池边上。一边深呼吸,一边在脑海里想象这度假的美妙景色：习习的凉风、温暖的阳光、脚趾间的细沙。如果此时有其他想法跳入画面,随它去,继续把你的注意力关注在想象的度假环境中,放空 2 分钟。

大脑训练

右侧大脑训练：这是空间能力训练,保持你视觉神经通路的灵活性。拿 5 根牙签,彼此相连,摆出数字 5。

姓名和面孔：我们来强化你回忆名字的能力。对于以下每一个名字,在脑海中勾勒一个虚拟图像来帮助你记住它：

林肯医生(Dr. Lincoln)

弗兰克夫人(Mrs Frank)

派克先生(Mr. Parker)

顺便问一句,你还记得昨天你遇到的那位女士吗？提示：她有一双漂亮的眼睛和前刘海。

傍晚

体能锻炼

晚间步行：饭前或者饭后行走 15 分钟。

大脑训练

回忆训练：让我们检查一下你的远期记忆能力。你还记得昨天在练习中提到的三个地方吗？线索：其中一个地方是感到幸运的时候会去的地方。

编故事：让我们回顾一下你是如何运用"聚焦"及"构图"记忆来使故事情节更丰满的。与不相关的两个单词不同，你可以编一个简洁的小故事来把几个不相关的单词都串联在一起。这里有个练习的范本：明天你有三件差使要做，买西红柿、修车胎和去银行。要记住这三件事，你可以虚拟你自己坐在银行 ATM 机前的旧轮胎上用三个番茄杂耍。为了容易记住，其中一个番茄掉下来摔烂了，番茄汁溅到你的衬衫上（如果把干洗加入第四项任务就更好了）。

第六天　早晨

体能锻炼

侧向弯曲：每一侧训练 5 次。

扩胸运动：扩胸动作时持续 5 秒，重复 3 次。

扭转拳击动作（假想）：双脚分开，双膝略弯曲，双臂放于两侧。向左侧转动身体，冲着房间的左上角挥击右拳。现在换另外一侧，对着房间的右上角挥击左拳。每一侧挥击 5 次。

"火烈鸟"站姿：每次单腿站立 5 秒，然后换另一条腿。

弯曲二头肌（耐力训练）：两只手握住一个弹力带的两端，身体位于弹力带的中间位置。将手臂下垂至身体两侧，掌心向外；弯曲前臂至肩位，保持弹力带在绷直状态，双上肢上半部分靠紧身体躯干部分。然后慢慢放下前臂。此动作重复 4 次。

大脑训练

记忆习惯：不要忘记出门前核对一下日程和房屋电器及窗门关闭情况。

牙签谜题：让我们继续昨天的右脑训练。这是由牙签摆出来的一个"5"。

现在移动五根牙签,使它变为另外一个不吉利的数字。

编故事训练：运用"聚焦"和"构图"外加故事情节记忆的方法来记住下面三个单词：

　　　　鸭子　　　　鞋　　　　雨伞

 下午

减压训练

肌肉放松：花 5 分钟时间来放松你的全身肌肉。

 脑力训练

姓名和面孔：你正好在超市遇到这两张面孔,你还想得起来他们的名字吗?

 傍晚

体能锻炼

晚间步行：晚饭前后行走 15 分钟。

 大脑训练

名字和面孔：你还记得昨天下午大脑训练时利用虚拟图

像学习的三个名字吗？提示：其中一个是有胡子的美国总统。

"构图"记忆训练：在将两个无关联的单词用图片结合在一起记忆时，请按照以下策略在脑海中创造更加容易记住的联系：

• 让画面活动起来——一个物体可以围绕另一个物体在翻转滚动或者跳舞，也可以两个融合。

• 为你想象的画面添加细节。

• 选择第一个浮现在你脑海中的情节，增加一些夸张或者幽默的情节使得联系更容易被记住。

举个例子：为了记住"长颈鹿—窗户"这一对单词，你可以想象你被用头敲你二楼卧室窗户的长颈鹿惊醒，它敲得太猛，把窗户玻璃敲破后，好像要来舔你。

第7天　早晨

体能锻炼

侧向弯曲：每侧 5 次。

俄罗斯狐步舞：每一侧膝关节抬高重复 20 次。

扭转拳击动作：每一侧 5 次挥击动作。

"火烈鸟"站姿：每次单腿站立 10 秒，换另外一条腿。

大脑训练

记忆习惯：每天都要进行巩固前瞻性记忆的训练，出门前查阅记事本和检查房屋内家电门窗的关闭情况。

回忆练习：你现在还回想得起来昨天针对三个单词在脑海里构建的那个故事吗？也许某个下雨天你的这个虚构故事会变成现实。

"编故事"法：我们继续这个"编故事"的记忆训练，把下面这四个单词用一个小故事描述出来：

海象　　　　　铁锤

滑板车　　　　童子军

下午

减压训练

呼吸：花费五分钟休息时间做用鼻深呼吸训练，在呼和吸的过程中感受膈肌的抬起和放下。

切合实际：给未来几天要做的事列一个待完成事项的表格；非紧急待办的事情先放在旁边，有些事情可以考虑请求朋友、同事来帮忙解决。

大脑训练

姓名和面孔：有些名字因为会马上在脑海中浮现出视觉图像，所以很容易被记住。你可以看到豪斯（House）夫人站在她的房屋（house）前面。另外的名字要记下来则需要发挥更多的创意。你可以想象帕克（Parker）先生穿着男仆的制服在给你停车（Parking）。（你这几天应该看到过这个名字吧?）

针对下面四个名字展开你想象的空间和翅膀吧。

泰勒（Taylor）

保罗（Paul）

乔伊（Joy）

米斯蒂（Misty）

回忆训练：如果我现在说"窗户"，哪个不相关的单词会浮现在你的脑海里？你应该记得，它曾经试图想舔你的脸。

傍晚

体能锻炼

晚间步行：餐前或者餐后行走 15 分钟。

大脑训练

交换手训练：尝试着用左手写你的名字（左利手者用右手写），这次要求讲究书法和笔顺。

回忆训练：试着回忆一下今天早上编的故事。画面中应该包括一个工具及一个小孩子喜欢的交通工具。

你还记得昨天下午学习的四个单词吗？提示：一个和修补衣服有关，另一个可能是在大雾中行走。

+·+

一周训练记忆水平测试

好棒！你完成了一半的训练项目，你应该会觉察到你的注意力、近期记忆能力都有提高，你的精力也更为充沛。为了证实你的大脑比一周前的大脑更年轻，请重复做这个在基线检查中做的测试，只不过单词是不同的。

花费一分钟仔细看下面十个单词，然后把书合上，做其他的事情。五分钟后，写下你记住的单词。

小丑	蜡笔
天空	救生筏
钢琴	毯子
香蕉	书
艺术家	铅笔

我想时间已经过了五分钟，你已经在另一张纸上写下了你记住的所有单词。和上面的单词做个对比，看看自己想出来几个，然后记录下正确单词的数目：

基线记忆分数_____

一周记忆训练后的分数_____

将基线分数和这次测试的分数做比较。我猜想你的分数至少提高了1～2个点。这提示你的记忆水平在训练之后已有很明显的提高,训练有助于你的大脑健康,也促使你养成良好的习惯。进一步巩固这些习惯是我们第二周训练的目标。

+·+

第8天　　早晨

体能锻炼

侧向弯曲:每一侧弯曲6次。

扩胸运动:扩胸动作时保持5秒钟,然后重复3次。

俄罗斯狐步舞:每一侧膝盖抬高20次。

扭转拳击动作:每一侧挥击8次。

"火烈鸟"站姿:单腿站立15秒,再换一条腿。

弯曲二头肌:重复5次。

大脑训练

记忆习惯:你记得自己今天要做什么吗? 出门前先核对日程,然后检查一下 房屋家电门窗关闭情况。

"编故事"方法:你构思故事的水平已有进步。请为下面六个单词在脑海里构思一个故事:

谷仓　　　　食蚁兽

香烟　　　　土耳其人

树　　　　有活动折蓬的汽车(敞篷车)

下午

减压训练

"度假"冥想:花五分钟真正想象和体验一下你的"迷你"假日。

脑力训练

单词生成训练:拿一支笔和一张纸,写下所有你能想出的以 P 为第一个字母的动物名称(我自己所写的在项目结束时公布)。

傍晚

体能锻炼

晚间步行:晚餐前或者晚餐后行走 15 分钟。

脑力训练

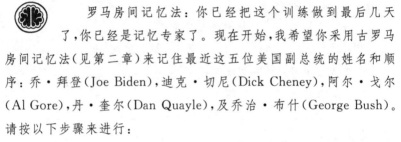

罗马房间记忆法:你已经把这个训练做到最后几天了,你已经是记忆专家了。现在开始,我希望你采用古罗马房间记忆法(见第二章)来记住最近这五位美国副总统的姓名和顺序:乔·拜登(Joe Biden),迪克·切尼(Dick Cheney),阿尔·戈尔(Al Gore),丹·奎尔(Dan Quayle),及乔治·布什(George Bush)。请按以下步骤来进行:

1. 想象你自己以固定的路线在熟悉的五间房间之间闲逛。

2. 这次沿着同样的路线进行"智力"散步,把每一个房间虚拟成一个副总统生活的画面。举例来说,你可以在脑海中想象拜登(Biden)在你的卧室里消磨时间(biding time)。这个章节结束时,我会揭晓我自己的想象画面。

第9天 早晨

体能锻炼

侧向弯曲:每一侧弯曲 8 次。

俄罗斯狐步舞:每侧重复 20 次膝盖抬高。

扭转拳击动作:每一侧挥击 8 次。

"火烈鸟"站姿:单腿站立 15 秒,再换一条腿。

上身下拉(力量训练):两腿分开站立,脚尖向外,脚间距比肩宽。双手抓紧弹力带的两端,举过头顶;拉直弹力带使之与双臂组成

V字形。随后,把弹力带往下拉到胸前,这时弹力带被拉得更开,坚持一秒钟。同样动作重复三次。

脑力训练

记忆习惯:出门前核对日程及房屋家电门窗是否检查过。

练习"聚焦"注意力和"构图"记忆法:采用这两种方法记忆更多的单词组合。它具有更高的挑战性,因为需要更多的想象力才能创造出图案。举例来说,"想法"这个词偏抽象,你不可能真正看到一个想法,但是你可以看到头的上方出现一个灯泡,代表一个想法。

试试记住这些相关的单词组合,每个单词组合包括一个实体概念词(足以视觉化)和一个抽象词。

警察—速度

讲台—政治学

山—陡峭

下午

减压训练

祷语冥想:盘腿坐在地上或者坐在舒适的椅子里。闭上眼睛深而缓慢地呼吸。当你吸气和呼气时,集中注意一个你自己选的单音节或单词,这叫祷语。如果你的思维飘散,只需简单地把它拉回到你的祷语上。冥想三分钟。

大脑训练

舌尖现象:你目前已经掌握如何处理四种最常见记忆挑战中的三种:姓名和面孔,地点记忆(把东西放在何处),以及前瞻性记忆(约会、计划和例行公事)。现在让我们解决第四种最常见的记忆挑战,舌尖现象——你明明知道某个单词或者某个人的名字,就在嘴边,但迟迟说不出来。

你需要随身携带纸和笔（技术控也可以用智能手机）。当出现"舌尖现象"时，立刻记下与你想不起来的单词或者人名相关的事物。一旦有机会，就去查阅书本或者网络，或者询问某个知道的人。最后，运用"聚焦"注意力法及"构图"记忆法将你写下的提示和单词/名字联系起来，这样下次你很快就会想起来。

傍晚
体能锻炼
晚间步行：餐前或者餐后行走 20 分钟。

大脑训练
回忆故事：你还记得昨天你为六个不相关的单词编撰的小故事吗？这六个单词是什么？这里有一些线索：一个喜欢吃蚂蚁的动物及一个人驾驶一辆有折叠车篷的车。

姓名回忆：在过去的九天里，我介绍了好几个人名及面孔。写下你能记起来的人名，数数有多少（九个是最好成绩，项目最后有名单列出）。

故事情节回忆：你还记得第二章中乱放东西的那名女士的情节吗？看看下面的照片，描述一下她乱放了什么东西以及最后是如何找到的？

第 10 天　早晨

体能锻炼
扩胸运动：每次扩胸时持续 5 秒，然后重复 3 次。

俄罗斯狐步舞：每侧膝盖抬高 20 次。

扭转拳击动作：每一侧挥击 8 次。

脚跟-脚尖走路（平衡）：站立姿势，一只脚在另一只脚前面，脚跟对脚尖，保持这个方式，直线行走 10 步，前面一只脚的脚跟碰到后面一只脚的脚尖。为增加稳定性，可以双眼平视前方某一点。

弯曲二头肌:重复 8 次。

脑力训练

记忆习惯:核对日程及出门前的家电门窗关闭流程,以加强前瞻性记忆。

单词组合的回忆:你还记得昨天记忆练习的单词组合吗? 它们是一些有相关性的单词(我自己的结果见项目最后)。

下午
减压训练

肌肉放松训练:花五分钟冥想,并放松肌肉。

大脑训练

记住无法视觉化的姓名:当你尝试记住一个复杂的名字,或者没有立即在脑中形成视觉形象的名字时,试着略微改变一下名字或者拼法。对于泰勒(Tyler)这个名字,可以想象她在做裁剪(tailor)工作。对于保罗(Paul)这个名字,可以想象他站在木杆(pole)的顶端。现在你可以用同样方法来为下面的名字创造一个可视的画面。

汤姆·西格尔(Tom Siegel)

奥利维亚·牛顿(Olivia Newton)

罗莎·佛洛里斯(Rosa Flores)

傍晚
体能锻炼

晚间步行:餐前或者餐后行走 15 分钟。

大脑训练

副总统名字的回忆:你还记得最近的五个副总统的名字吗? 想象自己在你的五间房间里溜达一圈,写下正确的顺序。

七个单词的故事：继续锻炼编故事的技巧。为记住下面七个单词构思一个故事(我自己的故事在项目最后揭晓)：

窗户	床	云	枕头
闪电	蜘蛛	杯子	

第 11 天　早晨

体能锻炼

侧向弯曲：每一侧各 8 次。

扩胸运动：每次扩胸时持续 5 秒,然后重复 3 次。

扭转拳击动作：每一侧挥击 8 次。

"火烈鸟"站姿：一侧单腿直立数到 15,换另一条腿。

脚跟-脚尖走路：走 10 步。

上身下拉动作：重复 5 次。

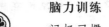

脑力训练

记忆习惯：核对日程及出门前的家电门窗关闭流程。

观察练习：让我们再看一下在第二章出现过的照片。仔细观察照片的细节 20 秒,然后用一张纸覆盖在照片上。

照片被覆盖后,看看你是不是能正确回答下列问题:

- 照片中有几扇窗?

- 几个啤酒杯/玻璃杯?有葡萄酒杯吗?

- 你注意到窗帘修饰吗?它们是什么?

- 有几个人是碰到台球桌的?

下午

减压训练

祷语冥想:冥想时注意力集中在祷语上,持续五分钟。

大脑训练

记住新名字:你旅游经纪人的助理雪莉(Sherry)帮助你制定了一些旅游计划。你想要确保你在下次给她打电话时能记起她的名字,但因为你没有见过她,所以没办法通过面孔特征来记住她的名字。你注意到她是一个讨人喜欢的人。下一次等你给旅行社打电话时,你会记得谢谢这个讨人喜欢(cherry)的雪莉(Sherry,名字稍作改动更容易被记住)。

故事回忆:试着回忆你昨天为了记住七个单词所构思的故事。

傍晚

体能锻炼

晚间步行:餐前或者餐后行走 20 分钟。

大脑训练

"杂事"的记忆:今天采用编故事记忆法。核对了你的日程和例行公事后,写下你的约定和杂事清单,采用"聚焦"注意力和"构图"记忆法来构思一个可以帮助你记住这些事情的故事。如果对自己有信心,你可以把清单放在家里,只用你的故事,来帮助你记住各项工作。

名字回忆:你还记得你旅游经纪人助理的名字吗?记得她是多么讨人喜欢吗?

第 12 天　早晨

体能锻炼

侧向弯曲：每一侧重复 8 次。

扩胸运动：每次扩胸动作保持 5 秒，然后重复 3 次。

俄罗斯狐步舞：每一侧做 20 次膝盖抬高动作。

脚跟-脚尖走路：走 10 步。

弯曲二头肌：重复 10 次。

大脑训练

成对单词：运用"聚焦"注意力和"构图"记忆来学习下列成对单词：

> 玉米—地铁
>
> 地图—手表
>
> 升降机—蜥蜴

遇见和记住新面孔：练习记忆名字和面孔的技巧。和新人打交道，介绍自己，运用"聚焦"注意力和"构图"记忆记住他们的名字和面孔。如果你今天没有结识新人的机会，也可以借用杂志或者期刊上某些人的照片来做练习。

下午

减压训练

呼吸冥想：增加一次呼吸冥想时间，时间为五分钟。

大脑训练

舌尖现象：我妻子常常忘记那部由著名老牌影星亨佛莱·鲍加主演的电影的名字。她的联想是这部影片让亨佛莱·鲍加一举成名，电影名字有一只鸟的。她用这些线索去查电影的名字——马耳他之鹰。运用"聚焦"注意力和"构图"记忆法创建一个画面，帮助我妻子更好地记住这个电影的名字（我的答案见本章最后）。

记住她的名字和脸：我很乐意介绍一位年轻女士，她的名字叫弗兰妮(Franny)。如果你将她的名字和她的面部特征相结合，你就很容易记住她的名字。（我的答案见本章最后。）

傍晚
体能锻炼

晚间步行：餐前或者餐后行走 20 分钟。
大脑训练

名字和面孔：你还记得你昨天遇到的新人的名字吗？

明天遇到新人时请尝试用"聚焦"注意力和"构图"记忆法来记住这些新人的名字和面孔。

第 13 天　早晨

体能锻炼

扩胸运动：扩胸动作持续 5 秒，然后重复 3 次。

扭转拳击动作：每一侧挥击 8 次。

火烈鸟站姿：单腿直立持续 15 秒，然后换另一条腿站立 15 秒。

上身下拉动作：重复 8 次。

大脑训练

成对单词回忆：让我们来检验一下看看你能不能很快想起昨天学过的成对单词：

地图—＿＿＿＿＿

玉米—＿＿＿＿＿

升降机—＿＿＿＿＿

你还记得这位年轻女士的名字吗？

下午

减压训练

祷语冥想：花费5分钟时间来释放压力。

大脑训练

名字面孔记忆小技巧：你记忆名字和面孔的能力现在应该有明显提高。与新人会面时，除了采用"聚焦"注意力和"构图"记忆外，记住以下几个小技巧来增强记忆：

1. 当你遇见新人时，在交谈时重复他/她的名字。

2. 如果他们的名字不常见或者很复杂，请他们说一下名字的拼写,当他们读出来时,你在脑海中可以把一个个字母视觉化。你可以分解音节,按照每个音节创建视觉形象。

3. 询问他们生活的细节,将名字和这些信息联系起来。

4. 他们使你想起什么人吗? 把一个新人与一个熟人联系起来,可以帮助大脑海马锚定记忆。

傍晚

体能锻炼

晚间步行:餐前或者餐后行走 20 分钟。

大脑训练

单词生成练习:想出七个以 D 为第一个字母的动物名称,记录下来。(我的答案见本章最后。)

让我们看看你现在是否还记得下面三张面孔的名字?

 第 14 天　　早晨

体能锻炼

侧向弯曲:每一侧重复 8 次。

俄罗斯狐步舞:每一侧 20 次膝盖抬高动作。

"火烈鸟"站姿:单腿站立 15 秒,然后换另一条腿。这次试着闭上眼睛。

弯曲二头肌:重复 12 次。

大脑训练

记忆习惯：核对你的日程和出门前关水电煤门窗的流程。这是我最后一次提醒你。

学习记忆更多的无相关性的成对单词，以活跃和保持你的大脑神经回路。

日历—苹果

篮球—河流

夹克—风筝

下午

减压训练

你自己喜欢的冥想方式：5分钟。

大脑训练

分类练习：将信息分门别类后，大脑更容易记住。当我去超市时，我会把要买的东西分为2种麦片和2种水果，这比不加分类地买4样东西容易记得多。为了强化你的分类技巧，可以将下列16样东西划分为4个种类，把16样东西各自归入适合的类别：

橘子	英式橄榄球	奏鸣曲	牛油果
网球	爵士音乐	苹果	猎肠狗
葡萄	比格猎犬	径赛	摔跤
歌剧	狮子狗	小猎犬	协奏曲

傍晚

体能锻炼

晚间步行：晚餐前或晚餐后行走20分钟。

大脑训练

成对单词回忆：这里显示的是你早上练习的成对单词中的第一个单词，看看你能多快写出成对单词的第二个。

日历—_____

篮球—_____

夹克—_____

训练另一只手：今晚找点乐子,尝试用你的左手(如果你是右利手的话)刷牙梳头。

两周记忆评估

让我们再次进行记忆评估,采用训练开始前及完成一周时的评估方法。给你一分钟时间看下列十个单词。然后合上书,去做其他的事情。五分钟后,用笔和纸写下你记住的单词,记录分数。

剪刀	猫头鹰
地球仪	西瓜
灯	钟
冲浪运动员	香槟
计算机	书桌

两周的记忆分数：_____

现在可以将你这三次的分数做个比较

基线记忆分数：_____

第一周记忆分数：_____

第二周记忆分数：_____

我相信你最后这次客观记忆测验成绩会很好。坚持这个训练方案,你会在未来的岁月里体会到更清晰的记忆,注意力更集中,身体更健康,整体状态也会更为良好。

恭喜你！

你完成了两周训练项目,拥有了一个年轻的大脑！如果你能继续你新的健康大脑行为训练，它们将永远成为你天性中不可分割的一部分。

游戏答案

P203：牙签谜题

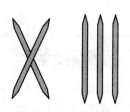

P208　单词生成训练：

字母"P"开头的动物：parakeet（长尾小鹦鹉），parrot（鹦鹉），partridge（松鸡），peacock（孔雀），pelican（鹈鹕），penguin（企鹅），pheasant（野鸡），pigeon（鸽子），platypus（鸭嘴兽），porcupine（豪猪），possum（负鼠），puma（美洲狮），python（巨蟒）。

P208　罗马房间记忆法：

我看见乔·拜登（Joe Biden）在我的厨房里啃三明治。当我沿着走廊走时，我遇见戴着大金链的迪克·切尼（Dick Cheney）。我走进小房间，看见阿尔·戈尔（Al Gore）正在看电视里播放的血淋淋的电影。在餐厅，我看见丹·奎尔（Dan Quayle）在大嚼着鹌鹑。最后，在我的起居室，我看到乔治·布什（George Bush）打扮成摩西的样子，面对着正在燃烧的灌木。

P210　姓名回忆：

鲍德温（Baldwin）教授，艾琳·孟加拉（Eileen Bengal），林肯（Lincoln）医生，弗兰克（Frank）女士，帕克（Parker）先生，泰勒（Taylor），保罗（Paul），乔伊（Joy），米斯蒂（Misty）。

P211 单词组合的回忆:

- 警察用一个雷达测速仪测试我飞速驶过的汽车的速度。
- 一个候选人站在讲台的后面宣讲他的政治纲领。
- 我正在爬一座陡峭的山峰。

P211 记住无法视觉化的姓名:

- 对于 Tom Siegal,想象他正在玩手鼓(tom-tom drum),肩膀上停着一只海鸥(Seagull)
- 对于 Olivia Newton,想象她正在吃涂了橄榄油(olive)的牛顿(Newton)照片。(或者想象她正在和奥莉维亚·纽顿-约翰唱歌)。
- 我看见 Rosa Flores 把一个放置玫瑰(Rose)的大花瓶扔在地上(floor)。

P212 七个单词的故事:

我上了床,在我的枕头上发现了一个蜘蛛。我用杯子扣住它,然后把它放到外面的窗台上。这时窗外的天空一片乌云飘来,伴随着闪电和雷声。

P214 舌尖现象:

为了记住"马耳他之鹰"(*The Maltese Falcon*)这个电影名字,我妻子在脑海中构建的影像是坐在鲍加肩膀上的猎鹰(falcon)通过吸管和鲍加分享着一杯巧克力麦芽酒(malt)。

P215 记住她的名字和脸:

弗兰妮(Franny)脸上的很多小雀斑(freckle)令人记忆深刻。

P217 单词生成练习:

D 字母开头的单词:deer(鹿),dingo(澳洲野狗),dog(狗),dolphin(海豚),donkey(猴子),dove(鸽子),duck(鸭子)

P218　分类练习：

- **体育类**：rugby（英式橄榄球），tennis（网球），wrestling（摔跤），track（径赛）

- **狗类**：dachshund（腊肠狗），beagle（比格犬），poodle（狮子狗），terrier（小猎犬）

- **水果**：orange（橘子），avocado（牛油果），apple（苹果），grapes（葡萄）

- **音乐**：sonata（奏鸣曲），jazz（爵士乐），opera（歌剧），concerto（协奏曲）

附录　大脑游戏网站

华生,我有一个脑子,身体其他部分就是附件而已。

——阿瑟·柯南道尔

　　下列网站提供免费的、适合各年龄段的大脑训练,包括脑筋急转弯、挑战、迷宫、拼图及其他游戏等。

- Brain Den：www. brainden. com

- Brain Teasers：www. brainteasers. org

- BrainBashers：www. brainbashers. com

- Braingle：www. braingle. com

- Dakim BrainFitness：www. dakim. com

- Lumosity：www. lumosity. com

- PedagoNet：www. pedagonet. com/brain/brainers. html

- brainHQ：www. brainhq. com

- Sharp Brains：www. sharpbrains. com

- Syvum：www. syvum. com/teasers

- The Grey Labyrinth：www. greylabyrinth. com

- The Ultimate Puzzle Site：www. puzzle. dse. nl

- Tricky Riddles：www. trickyriddles. com

- Yahoo! Games：www. games. yahoo. com

图书在版编目(CIP)数据

两周重塑年轻大脑/(美)盖瑞·斯莫尔 吉吉·伏尔根著;黄
延焱,江敏俊译;徐一峰校.—上海:上海三联书店,2017.9
ISBN 978-7-5426-6075-6

Ⅰ.①两… Ⅱ.①盖…②黄…③江…④徐… Ⅲ.①思维训
练—通俗读物 Ⅳ.①B80-49

中国版本图书馆 CIP 数据核字(2017)第 210371 号

两周重塑年轻大脑

著　　者 / 盖瑞·斯莫尔(Gary Small) 吉吉·伏尔根(Gigi Vorgan)

译　　者 / 黄延焱 江敏俊
策 划 人 / 黄延焱
校　　译 / 徐一峰
责任编辑 / 吕　晨
装帧设计 / 徐　徐
监　　制 / 姚　军
责任校对 / 徐敏力

出版发行 / 上海三联书店
　　　　　(201199)中国上海市都市路 4855 号 2 座 10 楼
邮购电话 / 021-22895557
印　　刷 / 上海信老印刷厂

版　　次 / 2017 年 9 月第 1 版
印　　次 / 2017 年 9 月第 1 次印刷
开　　本 / 890×1240　1/32
字　　数 / 150 千字
印　　张 / 7.375
书　　号 / ISBN 978-7-5426-6075-6/B·541
定　　价 / 33.00 元

敬启读者,如发现本书有印装质量问题,请与印刷厂联系 021-39907745